LE COTON DE TULEAR

Raymonde Catala
avec la collaboration de Jacqueline Vasserot

LE COTON
DE TULEAR

EDITIONS DE VECCHI S.A.
20, rue de la Trémoille
75008 PARIS

© 1992 Editions De Vecchi S.A. - Paris
Imprimé en Italie

REMERCIEMENTS

Je tiens à exprimer ma plus grande reconnaissance à Mlle Caroline Roucayrol, responsable éditorial aux éditions De Vecchi, ainsi qu'à M. Thierry Heuninck, son assistant, qui m'ont accueillie avec la plus grande gentillesse et m'ont guidée et conseillée tout au long de l'élaboration de cet ouvrage.
Je remercie Mme Nadine Rouquette qui m'a incitée à écrire ce livre et qui m'a fourni les documents envoyés par la Société canine de Madagascar.
Je remercie Mlle Jacqueline Vasserot de m'avoir encouragée à écrire cet ouvrage, de s'être chargée de toute la dactylographie et de la réalisation des photographies. C'est également Mlle Vasserot qui a bien voulu m'aider à rédiger le chapitre sur le sport.
Je remercie le docteur-vétérinaire Simon Mauinière qui m'a documentée sur les maladies infectieuses et m'a fourni les photographies d'un Coton de Tuléar prises dans l'île de Nosy-Bé.
Je remercie également le docteur-vétérinaire Alain Fontbonne de l'école vétérinaire d'Alfort d'avoir accepté de m'aider dans le chapitre sur la reproduction et pour les photographies qu'il m'a confiées afin d'illustrer ce livre.
Je remercie enfin tous les propriétaires de Cotons de Tuléar qui m'ont adressé les photographies de leurs protégés avec la passion et l'enthousiasme que nous procure cette race.

J'ai connu la race « Coton de Tuléar » en 1959 lorsque j'étais vétérinaire au service provincial de l'élevage de Tuléar.

M. Hoareau, un Français d'origine réunionnaise, très âgé, aux cheveux blancs, d'un blanc parfait, appelé par tous « Coco Blanc », se promenait toujours avec une dizaine de Cotons !

C'était une race inconnue dont le poil ressemblait vraiment aux fibres du coton quant à la texture et à la couleur. Le coton est une plante qui se cultive et se traite à Tuléar. Le Coton de Tuléar est un chien très vif, très intelligent et également très robuste.

DOCTEUR-VÉTÉRINAIRE TERNITIEN

Introduction

J'ai écrit cet ouvrage sur le Coton de Tuléar afin que chacun puisse y trouver tous les renseignements et les conseils qu'il recherche et afin de permettre, à tous, de faire plus ample connaissance avec cette race. J'ai cherché à vous transmettre les connaissances que j'ai acquises dans mes expériences quotidiennes avec les Cotons de Tuléar. Car sincèrement, vous ne serez jamais déçu par cette petite boule blanche pleine d'amour et de gaîté ! ! !

La popularité du Coton de Tuléar s'accroît chaque année à une allure peu commune : aux réunions annuelles du Club, une montée en flèche du nombre de Cotons et des adhésions est enregistrée.

Son humour et sa petite taille font du Coton de Tuléar le chien idéal pour tous.

Origine et histoire du Coton de Tuléar

L'origine

Le Coton de Tuléar est un petit chien originaire de Madagascar, île de la mer des Indes séparée de l'Afrique par le canal du Mozambique dont la capitale est Tananarive.

L'île regroupe sept millions d'habitants, Malgaches ou Madécasses, sur une superficie de 187 000 km². Ses caractéristiques sont les suivantes :

— mousson en été et alizé au Nord, vent d'est sud-est venant de l'océan Indien, favorisant la forêt tropicale ;

— climat tempéré pour toute la terre centrale ;

— désert au Sud-Ouest ;

— marécages au Sud ;

— au centre un massif montagneux couvre la partie orientale de l'île et s'élève à 2 680 m.

La faune est très féérique — papillons et oiseaux aux couleurs si chaudes — mais assez sauvage si l'on considère les énormes araignées poilues, les chats sauvages, les énormes caméléons et la quantité invraisemblable de crocodiles.

REPOBLIKA MALAGASY

POSTES
1974
50 Fmg

COTON DE TULEAR - CHIEN DE MADAGASCAR

DELRIEU

Timbre poste agrandi de Madagascar

La France est en relation avec Madagascar depuis le XVIIᵉ siècle. La légende raconte qu'un bateau fit naufrage au large de Madagascar au XVᵉ siècle et que, seul, un couple de petits chiens aurait réussi à gagner la côte à la nage dans la région de Tuléar, un port du sud-ouest de l'île. Ils s'aimèrent et eurent beaucoup d'enfants...

M. Petit, ancien président de la Société canine de Madagascar, fondateur de cette race en 1966, confirme cette version du naufrage, poétique au demeurant, mais avance une autre explication plus plausible : les premiers Européens tenant des comptoirs dans le sud de Madagascar auraient impor-

té différentes races de Bichons qui se seraient croisées. Il est possible que le Bedlington soit à l'origine des Cotons au dos voussé (rond), appréciés par le standard du Coton. M. Petit pense également que le Papillon se retrouve dans les origines du Coton actuel. On a pu constater que certains Cotons ont les oreilles et les taches foncées du Papillon ainsi que leurs pattes au poil moins fourni.

L'histoire

A Madagascar, les Cotons de Tuléar étaient considérés comme de redoutables chasseurs de sangliers. Réunis en meute pour chasser, ils furent très vite adoptés et domestiqués par les Malgaches. Très appréciés pour leur courage et leur fidélité, ils furent alors utilisés pour garder les troupeaux, puis les Malgaches en constituèrent une meute et lors des battues entreprises, de nombreux chiens étaient tués ou gravement blessés. Ceci leur valut dans l'île le surnom de *amboa-lambo*, (amboa : chien et lambo : sanglier).

Les caïmans infestaient l'île et constituaient le seul grand danger pour les Cotons de Tuléar. Voici comment les Cotons pleins de malice apprirent à se déjouer d'eux. Lorsqu'ils voulaient franchir un cours d'eau, ils aboyaient longuement à un endroit éloigné du point qu'ils avaient choisi pour franchir la rivière : les caïmans étant ainsi rassemblés, les Cotons repartaient à toute vitesse à l'endroit choisi pour traverser et, quand les caïmans s'apercevaient de la supercherie, nos rusés étaient déjà bien loin. Ainsi se révéla l'extraordinaire intelligence du Coton de Tuléar. Cette ruse est encore utilisée par les Cotons lorsqu'ils veulent récupérer un objet ou une place chéris, volés par l'un de leurs congénères.

Peu à peu ramenés en France par les Colons, après avoir été reconnus par la Fédération cynologique internationale (FCI), les Cotons de Tuléar ont quitté l'île par des moyens plus ou moins légaux.

Afin de ne pas dépeupler davantage Madagascar, la sortie de ces chiens est aujourd'hui sévèrement réglementée.

Le Coton de Tuléar s'est admirablement bien adapté au climat de notre continent et s'avère un réel chien de compagnie, malgré les légendes qui le destinaient à la garde des troupeaux.

De nos jours, en France comme à Madagascar, de nombreux éleveurs ont cherché à acquérir un patrimoine de Cotons de Tuléar qui sont donc répertoriés soit par la Société centrale canine, soit par la Société canine de Madagascar, en étroite collaboration avec la FCI.

Un petit tour à Madagascar nous per-

Le Coton de Tuléar : un chien dans le vent. Ici Chloé. Prod. : Mme Raymonde Catala, prop. : Mme Leclerc

**TEXTE INTEGRAL DE L'ARRETE REGISSANT LA SORTIE
DES COTONS DE MADAGASCAR
(transmis par Louis Petit)**

REPOBLIKA DEMOKRATIKA MALAGASY

MINISTERE DE LA PRODUCTION ANIMALE
(Elevage et Pêche) ET DES EAUX
ET FORETS

ARRETE N. 1796/88
portant réglementation de la sortie du territoire de la République démocratique de
Madagascar de la race de chien « Coton
de Tuléar ».

LE MINISTRE DE LA PRODUCTION ANIMALE (Elevage et Pêche) ET DES
EAUX ET FORETS.

Vu la Constitution ;
Vu l'ordonnance N. 60-057 du 9 juillet 1960 sur la police sanitaire des animaux à
Madagascar ;
Vu le décret N. 60-188 du 9 juillet 1960 établissant la nomenclature de maladies des
animaux réputées contagieuses à Madagascar ;
Vu le décret N. 88-046 du 12 février 1988 portant nomination du premier ministre,
chef du gouvernement ;
Vu le décret N. 88-047 du 12 février 1988 portant nomination des membres du gou-
vernement ;
Vu le décret N. 83-272 du 20 juillet 1983 fixant les attributions du ministre de la Production Animale (Elevage et Pêche) et des Eaux et Forêts ainsi que l'organisation générale de son ministère, modifié par le décret N. 85-127 du 3 mai 1985 et complété
par le décret N. 85-353 du 4 novembre 1985 ;
Sur proposition du directeur de l'Elevage,

ARRETE :

Article premier. - La sortie du territoire de la République démocratique de Madagascar de la race de chien « Coton de Tuléar » est réglementée comme suit :
— le nombre de chiens pouvant être autorisés à sortir chaque année ne peut excéder les chiffres de 120 dont ;
  a) mâles : 70 % ;
  b) femelles : 30 %

Article 2. - La sortie des « Cotons de Tuléar » de race pure est interdite pendant 5 ans, à compter de la date du présent arrêté.

Article 3. - Toutefois, toute personne résidant à Madagascar devant jouir de son congé à l'extérieur et désireuse d'être accompagnée par son « Coton de Tuléar », devra ramener celui-ci à l'issue de son congé.

Article 4. - Toute famille quittant définitivement Madagascar n'a droit de faire sortir qu'un couple de « Coton de Tuléar ».

Article 5. - La Société canine de Madagascar est l'organisme autorisé a identifier le « Coton de Tuléar » selon son pedigree et son livre d'origine, lesquels seront pris en considération par la direction de l'Elevage avant toute sortie.

Article 6. - Seuls les vétérinaires ayant mandat sanitaire relevant de la direction de l'Elevage sont habilités à délivrer des autorisations relatives à la sortie de « Coton de Tuléar », conformément aux dispositions des articles précités.
D'autre part, ils sont les seuls habilités à délivrer les certificats internationaux de santé et de vaccination de « Coton de Tuléar ».

Article 7. - Les statistiques d'entrée et de sortie des « Cotons de Tuléar » seront tenus par les agents de la direction de l'Elevage, en rapport la Société canine de Madagascar.

Article 8. - Tout chien « Coton de Tuléar » non muni d'une autorisation réglementaire doit être saisi et remis à la Société canine de Madagascar qui doit assurer son élevage et la sauvegarde de la race.

Article 9. - Le directeur de l'Elevage est chargé de l'exécution du présent arrêté qui sera enregistré, publié et communiqué partout où besoin sera.

Fait à Antananarivo, le 8 April 1988

met de voir encore errer et vagabonder des Cotons de Tuléar dans les petites îles du nord de Madagascar, ils y vivent en groupe sur les plages. Ils sont, malheureusement, dans un état lamentable, l'eau de mer et le sable ne convenant pas vraiment à leur fourrure qui, de plus, n'est pas entretenue ; ils sont si emmêlés que le feutre qui les recouvre ne laisse plus apparaître leurs beaux yeux noirs. La plupart de ces Cotons sont malades. Ce qui frappe le plus, ce sont les moignons qui restent de leurs oreilles totalement rongées par la gale.

Cypion de la Ferme de Bannay, champion d'Europe en classe Jeunes, Luxembourg 1988, recommandé quatre étoiles par le Club. Prod. et prop. : Mme Raymonde Catala

Ils se reproduisent sans contrôle donnant naissance à des chiens ne ressemblant guère aux Cotons que nous avons l'habitude de voir dans les expositions : ils sont plus grands et plus costauds — notamment ceux de l'île de Nosy-Bé.

Dans les grandes villes de Madagascar, plus aucun Coton ne traîne dans les rues totalement désertes.

Pourtant, chaque année, la Société centrale canine enregistre des Cotons de Tuléar importés de Madagascar :
— en 1987 : un ;
— en 1988 : huit ;
— en 1989 : neuf ;
— en 1990 : quatre.

Le standard du Coton de Tuléar a été établi en 1969 et soumis à la FCI en 1970.

A la première exposition de Cotons de Tuléar, en avril 1972, le juge M. Servier s'y intéressa : c'est à partir de ce moment que les Cotons commencèrent à être exposés en France.

Peu de sujets étaient présentés ; aussi pour faire connaître la race et lui permettre de procréer, beaucoup furent confirmés et nommés « champion » avec des défauts qui ne sauraient être acceptés aujourd'hui.

De ce qui précède, vous comprendrez que choisir un Coton de Tuléar se fait avec beaucoup de précautions car cette race est encore jeune. Elle obtient un vif succès mais il reste beaucoup à faire pour l'améliorer et éliminer les défauts qui subsistent encore aujourd'hui.

Apparence générale

Standard du Coton de Tuléar
(homologué par la FCI et la SCC en 1987)

APPARENCE GÉNÉRALE ET CARACTÈRE

Description des caractères physiques et psychiques de la race. Petit chien d'appartement gai, à poil long, cotonneux, aux yeux ronds, foncés, expressifs et intelligents, un peu turbulent, gai et même un peu pitre, très attaché à ses maîtres.

Taille

Mâle idéal : 28 cm — tolérance jusqu'à 32 cm maximum et 25 cm minimum.
Femelle idéale : 25 cm — tolérance jusqu'à 28 cm et 22 cm minimum.

Poids

Mâle : de 4 à 6 kg maximum.
Femelle : de 3,5 à 5 kg maximum.
Les poids sont proportionnellement en rapport avec la hauteur mais ne doivent pas dépasser le maximum.

Exemple : un mâle de 28 cm au garrot pèsera approximativement 5 kg, un mâle de 32 cm au garrot pèsera approximativement 6 kg.

Format. Rapport hauteur : 2. Rapport longueur : 3.

Type. Le type recherché est celui décrit. Il existe néanmoins des chiens de cette race plus hauts sur pattes.

Utilisation. Chien de compagnie.

TÊTE

Description d'ensemble. Vue de profil : courte. Vue de dessus : triangulaire.

Crâne. Profil supérieur convexe ; largeur de 8,5 cm ; arcades sourcilières peu développées ; léger sillon frontal ; protubérance occipitale nulle ; crête occipitale peu sensible.

Stop. Peu accentué.

Museau. Longueur de 6 cm ; hauteur de 4,5 cm ; largeur de 5 cm ; chanfrein droit ; mâchoire inférieure rectiligne.

Etude de tête : T'Baloo, père de Cypion

Oreilles. Tombantes ; environ 6 cm de large, environ 7 cm de long, minces, triangulaires, attachées haut sur le crâne, fines au bout, cassées à la base, recouvertes de poils blancs ou avec coloration dans les trois possibilités suivantes :
— taches plus ou moins foncées ;
— mélange de poils jaunes et noirs ;
— quelques poils noirs donnant l'impression d'une tache gris clair.

ENCOLURE

Profil. Droit, légèrement incurvé au sommet. Rapport encolure/corps : 1/5.

Longueur. Environ 8 cm.

Forme. Bombée, musclée. Largeur : environ 7 cm.

Peau. Tendue.

CORPS

Vue d'ensemble. Ligne de dessus très légèrement convexe.

Garrot. Peu accentué, attache de l'encolure forte.

Dos. Très légèrement voussé, bien musclé. Rapport partie thoracique/partie lombaire : 10/6.

Ventre et flancs. Ronds, moins larges que la poitrine. Ventre peu levretté.

Nez. Petit. Truffe noire (la couleur tabac foncé est tolérée). Narines ouvertes.

Lèvres. Fines, tendues, pigmentées de la couleur de la truffe.

Dents. Parfaites, petites et blanches ; les incisives inférieures se placent en avant, en arrière ou au niveau des incisives supérieures.

Yeux. Ronds, foncés, vifs, bien écartés ; paupières fines, pigmentées de la couleur de la truffe.

Ulysse the Valaury's Cottage, champion de France et de Suisse. Prop. : M. et Mme Brocard

Queue. Attachée bas ; longueur : environ 18 cm ; grosse à la naissance fine au bout ; au repos, descendant au-dessous du jarret, l'extrémité étant relevée.

MEMBRES ANTÉRIEURS (AVANT-MAIN)

Vue d'ensemble. Aplombs verticaux de face et de profil.

Proportions. 1/1.

Epaule. Environ 10 cm oblique, musclée.

Bras. Environ 9 cm oblique d'avant en arrière, musclé.

Angles scapulo-huméraux. 120°.

Avant-bras. Environ 10 cm, vertical ; ossature puissante.

Angle huméro-radial. 120°.

Carpe. Environ 3 cm.

Métacarpe. Environ 3 cm.

Pieds. Environ 3 cm, de forme ronde, petits ; doigts serrés, bien formés, coussinets bien centrés et pigmentés.

MEMBRES POSTÉRIEURS

Vue d'ensemble. Aplombs verticaux vus de derrière et de profil et de derrière.

Proportion. 1/1.

Cuisses. Environ 10 cm, musclées.

Angles coxo-fémoraux. 80°.

Jambes. Environ 10 cm oblique d'avant en arrière.

Angle fémoro-tibial. 120°.

Jarret. Longueur environ 2 cm ; épaisseur environ 3 cm.

Angle du jarret (tibio-tarsien). 160°.

Enjoy de la Ferme de Bannay, dit « Chanel », 2ᵉ excellent à l'exposition de Vassivière-en-Limousin, juillet 1990, classe Ouverte. Prop. : Mˡˡᵉ Laetitia Colomb

Métatarse. Longueur environ 7 cm, largeur environ 2 cm. Position verticale.

Pieds. De forme ronde, doigts de courbure peu accentuée et serrés, coussinets plats et pigmentés.

ALLURES

Pas : normal. Trot : raccourci. Allure préférée : le trot.

POILS

Fins, environ 8 cm de long environ, légèrement ondulés, texture du coton.

PEAU

Fine, bien adhérente dans chaque région du corps. Peut être pigmentée de taches grises plus ou moins foncées.

COULEUR

Blanche, quelques taches jaunes ou grises plus ou moins foncées, notamment sur les oreilles, sont admises.

DÉFAUTS À PÉNALISER SUIVANT LA GRAVITÉ

Graves

Museau trop petit ou trop gros. *Crâne* plat ou trop bombé. *Stop* trop accusé ou inexistant. *Chanfrein* busqué. *Denture* : dents non régulièrement alignées (incisives), dents carrées, prognathisme important (plus de l'épaisseur des incisives). *Yeux* clairs, trop rapprochés, entropion, ectropion, proéminents, regard méchant. *Oreilles* trop courtes, insuffisance de la longueur du poil, attache étroite ou trop épaisse, droite. *Dos* ensellé, trop long. *Croupe* horizontale, étroite. *Poitrine* mal développée. Cou trop court ou trop long, fluet. *Queue* trop longue, trop courte ou enroulée, pas assez fournie de poils, cylindrique. *Epaule* droite. *Aplombs* : panards cagneux, serrés ou décollés, trop ouverts ou jarrets clos, mauvaise angulation. *Cuisses* insuffisamment musclées, insuffisance de poils. *Peau* plissée, épaisse. *Poil* trop court, trop long, bouclé, texture soyeuse.

Eliminatoires

Truffe présentant des taches de ladre, trop claire. *Lèvres* dépigmentées, taches de ladre, lèvres lourdes et pendantes. *Paupières* blanches, insuffisamment pigmentées, taches de ladre. *Fouet* enroulé ou en chandelle, anourie. *Cou* trop long. *Hauteur et poids* dépassant le maximum. *Robe* fortement tachée de marron ou d'un noir franc.

N.B. : les mâles doivent avoir deux testicules d'apparence normale, complètement descendus dans le scrotum.

Commentaire du standard

Voici maintenant plus de vingt ans que la Société canine de Madagascar (SCM) a découvert le Coton de Tuléar et a établi la description détaillée du sujet idéal.

Après avoir reconnu le Coton de Tuléar comme chien de race, la Société canine de Madagascar l'a fait homologuer par la Fédération cynologique internationale (FCI). C'est ainsi que le Coton de Tuléar est aujourd'hui connu dans le monde entier et qu'il fait partie du patrimoine national malgache ; en vérité, c'est la SCM qui est l'inventeur de notre cher Coton.

Que dit le standard ?

LA TAILLE, LE POIDS

Il faut bien sûr comprendre qu'un Coton de 25 cm au garrot ne devra pas peser le même poids qu'un Coton de 31 cm.

Parfois, lors des expositions, les Cotons sont pesés et mesurés et l'on constate alors qu'ils sont soit trop lourds, soit trop grands, ou à la limite du standard. Le plus grand n'est pas forcément le plus lourd et le plus petit n'est pas systématiquement le plus léger. Il est donc important de surveiller le rapport taille/poids.

Un Coton de Tuléar de 5 kg et de 31 cm au garrot sera probablement maigre, tandis que s'il mesure 25 cm pour un poids identique, il sera certainement obèse.

LES DENTS

Défaut à pénaliser selon la gravité

Bien qu'il ne soit nulle part question de dents manquantes, il est toujours souhaitable de ne garder pour l'élevage que des sujets parfaits. Une incisive manquante est aujourd'hui non confirmable.

Pour certaines races, le refus de confirmer les chiens qui ont une dentition incomplète a permis la disparition de la tare.

On peut lire dans le standard que les dents doivent être : « [...] parfaites, petites et blanches. Les incisives inférieures se placent en avant, en arrière ou au niveau des incisives supérieures. »

Une décision vient d'être prise tendant à ne plus confirmer que des mâchoires « adaptées » (en ciseaux). Une présentation en pince, sans pour

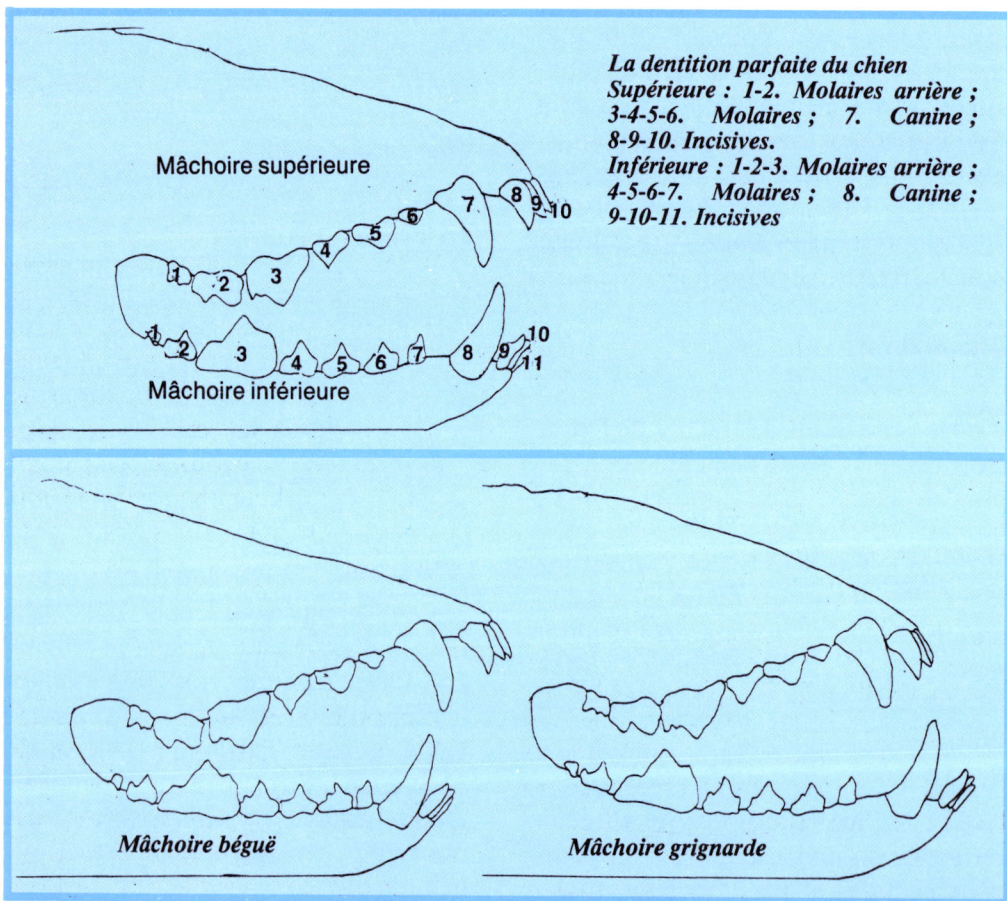

Mâchoire supérieure

La dentition parfaite du chien
Supérieure : 1-2. Molaires arrière ;
3-4-5-6. Molaires ; 7. Canine ;
8-9-10. Incisives.
Inférieure : 1-2-3. Molaires arrière ;
4-5-6-7. Molaires ; 8. Canine ;
9-10-11. Incisives

Mâchoire inférieure

Mâchoire béguë

Mâchoire grignarde

cela compromettre la confirmation, sera considérée comme non recherchée.

Le Coton doit avoir une dentition complète de 42 dents, ce qui n'est pas encore le cas de la plupart de nos compagnons. La juste mesure de ce qui est acceptable vient d'être donnée : seules, trois dents manquantes seront tolérées à l'examen de confirmation mais toutes les incisives doivent être présentes.

Le prognathisme

Il constitue un problème si le maître souhaite présenter son Coton à des concours de conformité au standard. En effet, il ne peut être confirmé.

La parfaite juxtaposition des dents de devant n'est pas indispensable pour le chien, il se sert de ses incisives pour saisir sa nourriture qu'il engloutit telle quelle ou mastique avec ses canines ou ses molaires.

Si les incisives supérieures avancent nettement par rapport aux incisives inférieures, le chien est *bégu*. Si la mâchoire inférieure dépasse la mâchoire supérieure, il est *grignard*. L'un présente un prognathisme supérieur, l'autre un prognathisme inférieur.

Le prognathisme a une origine génétique. Il se retrouve donc chez d'autres Cotons de la même famille et dans ce cas précis, il est peu recommandé de pratiquer la consanguinité proche.

Il peut aussi correspondre à un retard de croissance d'une mâchoire par rapport à l'autre, les gènes responsables de la croissance des mâchoires inférieures et supérieures ne sont pas situés au même endroit sur les chromosomes et ne sont pas forcément stimulés en même temps. En effet, un défaut d'activation de l'un ou de l'autre gène peut entraîner un retard de croissance d'une des mâchoires jusqu'à la mise en place des dents définitives vers cinq à six mois.

Toutefois, un prognathisme constaté à l'âge de deux mois, sauf s'il est très léger, risque fort de persister.

LES PAUPIÈRES ET LA TRUFFE DÉPIGMENTÉES

Ces zones ont tendance à s'éclaircir, surtout l'hiver chez les Cotons nés blancs. Sur la truffe et le chanfrein « nez », le mat « ladre », sur les paupières et le contour des yeux, le manque de pigmentation est préjudiciable lors des expositions. Ces défauts seraient à dédramatiser s'ils n'étaient pas éliminatoires car ils se placent seulement sur le plan esthétique et ne retirent aux Cotons nullement leur attrait en qualité de chien de compagnie.

LES OREILLES

Vous pouvez constater la formation d'un pli vers l'arrière des oreilles, lorsque le chiot a un mois et demi. Ce phénomène est, somme toute, très rare.

Aussi, bien que dans le standard rien

ne soit indiqué à ce sujet, ce pli n'est pas apprécié lorsque vous présentez votre Coton devant un juge en concours de Beauté.

Puisque des petits bonnets sont prévus pour les bébés « humains » lorsque leurs oreilles s'écartent, vous pouvez également trouver une astuce pour maintenir en bonne position les oreilles de vos chiots : placer du sparadrap microporeux anallergique tout en redressant le pli de l'oreille, en partant du dessus de la tête jusque sous le menton et ceci pour les deux oreilles.

Bien sûr, votre petit futé va se secouer et passer la patte sur ce bonnet improvisé jusqu'à ce qu'il parvienne à le retirer.

Remettez-le jusqu'à ce que le chiot s'y habitue. Si vous avez la patience d'aller jusqu'au bout, sachez que le plus important tient au positionnement de l'oreille durant la nuit. En effet, c'est durant le sommeil que l'oreille, si elle est mal positionnée, prendra le mauvais pli.

LA QUEUE

En ce qui concerne la queue du Coton de Tuléar, de nombreux sujets arborent une queue trop courte. Certains importés récemment de Madagascar n'ont pas de queue du tout (anourie).

Ce défaut majeur ne peut être toléré et encourt un refus de confirmation pur et simple. Le port de la queue enroulée ou collée contre le dos ou déviée par rapport à la ligne du dos est consi-

déré comme un défaut mais pour le moment, il n'entraîne pas un refus de confirmation.

LES ERGOTS

A ce sujet le standard ne mentionne rien, il faut tout de même savoir que les chiens de compagnie n'ont pas d'ergots.

Les Cotons étant considérés comme chiens de compagnie, ils ne doivent pas posséder d'ergot aux membres postérieurs. La présence d'ergots est jugée indésirable et occasionne parfois un refus de confirmation.

Beaucoup d'éleveurs font couper les ergots à la naissance afin de ne pas rencontrer ce désagrément.

LES ONGLES

Les pieds de forme ronde, les doigts de courbure peu accentuée et serrés sont les qualités décrites dans le standard.

Rien n'est mentionné en ce qui concerne les ongles, pourtant il faut savoir que les ongles doivent être blancs. S'ils sont noirs, voire un seul, le Coton de Tuléar sera pénalisé lors des concours de Beauté, sauf évidemment si le juge ne regarde pas les ongles, ce qui peut arriver !

Les chiens qui ont les ongles noirs sont des chiens nés avec des taches noires, leurs descendants auront également des taches noires même si l'autre géniteur a des souches blanches. Sur une portée, il y aura forcément quelques chiots tachés, le capital génétique étant transmis pour la moitié par chacun des parents.

LA PEAU

Depuis peu, le standard tolère les taches grises de la fourrure. Ces Cotons aux taches foncées naissent avec des poils noirs et auront très souvent des taches noires sur la peau même s'ils sont totalement blancs. La mélanine étant très élevée dans leur sang, la peau gardera la trace et restera noire aux endroits où le chiot avait les poils noirs.

LES ROBES

Pour le standard, le Coton de Tuléar doit être blanc avec une excellente pigmentation des yeux, de la truffe et des lèvres, si l'on souhaite atteindre la perfection, il faut aussi une parfaite pigmentation des coussinets mais les ongles doivent être blancs.

L'intensité de la pigmentation des muqueuses et de la peau du Coton est fonction de celle de la robe. Si celle-ci est toute blanche à la naissance, la teinte de la truffe ne sera pas soutenue mais très souvent couleur foie.

Il faut savoir que la teinte définitive n'est acquise que vers l'âge de la puberté (huit mois) et se fixe définitivement à l'âge de deux ans. Cette teinte est sous la dépendance de la généti-que, il est donc intéressant de sélectionner les géniteurs.

Chez les Cotons blancs ou blancs tachés de beige café au lait (masque sur les yeux, taches sur les oreilles et à la base de la queue), l'on constate une variation saisonnière de la pigmentation en fonction de l'état général ou physiologique.

Par exemple, lorsque les chiennes ont des chiots et allaitent, elles sont merveilleusement bien pigmentées : la pigmentation est donc liée aux hormones produites durant cette période.

Il est bien rare que ces petits Cotons aient, à l'âge d'un an, la pigmentation noire requise pour devenir un champion, puisque ceux-ci gardent une fois sur deux la truffe couleur foie marron et l'ombre des yeux fuyante en hiver. Lorsque cela arrive, il faut commencer par vermifuger son chien et si la pigmentation ne s'améliore toujours pas, il sera conseillé d'utiliser un traitement à base d'algues.

Lorsque les Cotons naissent avec des taches noires à reflet marron, celles-ci s'atténuent très rapidement pour passer au roux puis au beige et devenir blanches à l'âge de quatre à cinq mois. Ces chiens font une mutation de couleur très rapide. Il arrive parfois que le roux persiste. Mais, tous ces Cotons auront par la suite une pigmentation parfaite et de grandes chances d'être les mieux placés en exposition.

Chez d'autres sujets, les taches seront franchement noires, ici aussi, ce sont des chiots qui auront un bel avenir en

Elisha the Valaury's Cottage, championne de France 1991, lice recommandée. Prop. : Mme Petit

noires sur la fourrure apparaîtront lors de leurs chaleurs, la pigmentation étant plus forte sous l'influence des hormones.

La mutation de couleur pour ces Cotons se fait en passant du noir franc au gris, puis au blanc. Dans le cas où elle s'arrête au gris, l'on obtiendra parfois un Coton identique au Bobtail.

La couleur des Cotons, vous l'avez compris, dépend des granules de pigments. Les cellules embryonnaires (les mélanoblastes) partent de la cime des nerfs pour se transformer en mélanocytes qui se retrouvent dans la couche profonde de la peau du fœtus. Les mélanocytes fabriquent des grains de pigmentation non encore colorés, puis la mélanine apparaît enfin. Elle va se réfugier dans la peau et le poil et donnera la belle pigmentation souhaitée chez les Cotons. En trop grande quantité, elle produira des poils noirs qui resteront gris à l'âge de deux ans. La mélanine en quantité moyenne donnera des taches marron ; pour ceux qui deviennent blancs et bien pigmentés et si les mélanocytes ne font pas leur travail, la coloration, vous vous en doutez, sera nulle et vous obtiendrez parfois même des albinos aux yeux verts.

C'est pour cette raison que je tiens à élever les Cotons blancs tachés de café au lait. Si je conservais dans mes souches des tachés noir franc, je ne saurais garantir le virage de la couleur dans le temps, au moment de la vente de mes chiots.

championnat, si toutefois les taches disparaissent totalement. Malheureusement, ces noirs francs gardent souvent quelques poils gris. Ces chiens ont un taux de mélanine élevé et chez les femelles, des taches foncées voire

Le caractère et le comportement

Au moment de choisir celui qui va devenir le compagnon de votre vie de tous les jours, vous devez être à la fois réaliste et prudent. Son caractère et ses propres nécessités doivent correspondre à votre mode de vie, à vos goûts et à vos possibilités.

En effet, le Coton de Tuléar attend tout de vous : amour, nourriture, compagnie, soins et protection. De vous dépend sa vie, sa santé et son bonheur. Il s'agit donc de prendre toutes les précautions pour ne pas risquer de le décevoir, pour répondre à ses espérances, pour lui permettre de devenir un chien sain, libre et joyeux et un compagnon idéal.

Le Coton, l'ami des animaux. Chloé à Mme Leclerc

Généralités

Le comportement comme le caractère du chien adulte seront considérablement influencés par les premiers contacts du chiot avec ses maîtres. Afin de faciliter la cohabitation, il est important de prendre le chiot dans ses bras ou sur ses genoux, de le caresser, de lui parler et même de l'embrasser. Il a besoin de beaucoup d'amour et de tendresse. Laissez les petits enfants caresser votre chiot. En effet, les enfants ont une odeur et se meuvent différemment de l'adulte, ainsi votre chien fera doucement connaissance avec eux et réagira favorablement.

Le Coton de Tuléar est un petit chien gai, très dynamique, on dit de lui que c'est un chien antistress et c'est vrai : sa jovialité est contagieuse, c'est la joie et l'équilibre dans les foyers lorsque vous l'avez pour compagnon. Il a un caractère à toute épreuve, un tempérament enflammé, une fidélité incomparable, il détient une extraordinaire intelligence. Des centaines d'anecdotes le démontrent.

Il utilise toujours la ruse employée pour éloigner les caïmans. Aussi, lorsque sa place préférée est occupée par l'un de ses congénères, mine de rien, il sort dans le jardin, aboie au grillage pour faire croire qu'un intrus est en vue, le voyou qui lui avait volé sa bonne place sort à son tour en aboyant pour soutenir son copain, c'est alors que très rapidement il rentre et récupère sa place.

Il agit de même pour tout ce qui lui tient à cœur, « tu m'as volé mon os... attends ! ! ! » et il se sert de cette même technique.

Si le Coton d'aujourd'hui n'est plus un chasseur, il en a tout de même conservé l'instinct. Une femelle au caractère dominant a rassemblé un troupeau de vaches et de taureaux sous le regard pétrifié de ma famille et de moi-même. Lorsque nous sommes passés sous les barbelés pour la récupérer, elle a rassemblé le troupeau à l'autre bout du champ, nous avions peur qu'elle ne soit blessée. Elle n'avait aucune crainte de ces animaux pourtant imposants, aboyait dans les pattes de ses grosses bêtes et les dirigeait aisément. Dès lors, nous évitons d'être téméraires : nous la prenons dans nos bras lorsque nous nous promenons aux abords des élevages bovins.

Le Coton est un chien qui aime la compagnie. S'il doit rester seul un long moment, il risque de s'ennuyer. Donnez-lui des jouets qui seront les siens, laissez-lui la radio allumée, il faut qu'il sente une vie dans la maison et qu'il puisse se distraire. Laissez-lui également un peu de vous, en lui donnant un vêtement vous appartenant et expliquez-lui le pourquoi de votre départ. Le soir à votre retour, il sera là à vous attendre derrière la porte et il sautera dans vos bras avant que vous n'ayez eu le temps de pénétrer dans la maison.

Flash et Flore : l'esprit combatif des Cotons. Prop. : M. et Mme Brocard

Si vous devez le laisser seul des journées entières, trouvez-lui un compagnon (chien ou chat). Autrement, il est possible qu'il fasse quelques sottises. Dans ce cas, inutile de le gronder, à voir votre désapprobation et votre mécontentement, il est déjà puni : il sait que cela vous déplaît, il vient alors vers vous tout penaud car en vérité, il ne cherche qu'à vous plaire et se trouve fort déçu de vous avoir contrarié.

Pour les personnes âgées, le Coton de Tuléar est le compagnon rêvé, il sait être calme et attentionné tout comme son maître.

L'achat, la préparation des repas, les soins et les promenades quotidiennes auront une influence bénéfique sur le moral du maître. Finie la solitude, une complicité se crée entre les deux amis, la tendresse est entrée dans leurs vies.

Le rôle que cette boule blanche joue auprès des enfants s'avère également d'une grande utilité et très enrichissant. Vous avez envie de faire plaisir à votre enfant, de contenter son besoin d'amour, celui-ci vous demande un chien depuis si longtemps, enfin aujourd'hui vous sentez que vous êtes prêt à en accueillir un, n'hésitez plus.

Vous avez eu raison d'attendre, il est important d'être prêt à assumer la venue au foyer d'un nouvel être vivant car le complice de votre enfant vous accaparera pour une quinzaine d'années. Le Coton est souvent considéré comme une véritable peluche vivante par les enfants et devient très vite leur confident.

Quel que soit l'âge de l'enfant, vous devez lui apprendre le respect de son animal, il ne doit pas devenir son souffre douleur et être exposé trop longtemps à ses caprices. Le chiot ainsi maltraité deviendrait craintif et plus indépendant ultérieurement. Les jeunes enfants ne sont pas méchants, ils sont plutôt maladroits et risquent de serrer trop fortement (souvent par le cou).

A cinq ans, l'enfant a tendance à exercer son pouvoir sur le chiot ou le chien : coups de pied, tapes, oreilles et queue tirées font partie de son comportement qu'il faudra surveiller. Le Coton ne doit pas être maltraité sous prétexte que l'enfant est petit. Il suffit d'expliquer clairement ce point à l'enfant.

Pour l'enfant plus âgé qui rentre de l'école dans un appartement vide, quoi de plus réconfortant que d'être accueilli par son chien. C'est bien sûr avec son chien qu'il partagera son goûter avant de se mettre sagement à ses devoirs d'écolier.

Toutefois, les adolescents ont un comportement tout à fait différent des plus jeunes. Ils aiment très fort leur petit Coton mais pas question pour eux de s'occuper du bien-être de leur animal. Ils s'occuperont de leur compagnon uniquement quand ils en auront envie. A vous de leur faire comprendre qu'un chien n'est pas un simple jouet et que des « devoirs » lui sont dus.

Le Coton, l'ami des enfants. Flossie de la Ferme de Bannay. Prop. : Mlle Katia Zakovitch

Encolie du Moulin céleste, lice recommandée par le Club. Prop. : Mme Petit

Pour être adorable, le Coton l'est jusqu'au bout des ongles. Toujours de bonne humeur, il n'arrête pas de se livrer à des contorsions et des sauts afin d'attirer votre attention. Il ira même, si vous êtes absorbé, jusqu'à vous donner des petits coups de tête sur le mollet ou si vous êtes assis, il soulèvera votre bras pour y glisser sa tête jusqu'à ce que vous vous intéressiez à lui. Avec lui, impossible de rester indifférent, il vous suit partout dans la maison, au dehors, il trottine gaiement sur vos talons. C'est, vous l'avez compris, un petit clown amoureux fou de ses maîtres, et vous n'aurez aucune difficulté à lui faire faire les petits tours que vous serez le seul à lui avoir appris.

Il sait observer vos gestes et en tirer profit, il vous admire et comprend tout, il ne lui manque que la parole et encore ! Le Coton vous parlera en émettant un son qui n'est pas un aboiement, il vocalise d'une façon très particulière : vous pourrez l'imiter pour lui communiquer votre compréhension et votre amour.

Le Coton est très sportif. Ne vous aventurez pas à le prendre à la course, il fuse comme l'éclair car il est agile comme un chat. Les longues promenades en forêt, en montagne et sur les chemins les plus ardus ne lui font pas peur. Vous serez fatigué bien avant lui. Il se tient toujours prêt lorsqu'il s'agit d'aller faire une balade et dès qu'il vous voit prendre vos vêtements de sortie, il gambade gaiement autour de vous pour vous inciter à l'emmener avec vous.

Il aime à batifoler sous la pluie et gambader dans la neige ne lui déplaît pas. Les bains de mer ne l'effraient pas, à condition de ne pas avoir la tête sous l'eau !

Vous avez sans doute compris que le Coton est un chien vif et dynamique. Aussi est-il utile de lui apprendre très jeune à venir à vos pieds dès votre appel ou votre coup de sifflet : cela vous permettra de le rappeler dès que vous le sentirez trop éloigné.

Cette vitalité peut étonner, compte tenu de leur allure fine et élancée, mais ces petites boules de coton sont très résistantes et ne sont jamais malades. Ce cher petit diable détient aussi une santé de fer, votre vétérinaire se plaint de vous voir seulement lorsque vous avez des vaccins ou bien des tatouages à faire.

Le sommeil

Le Coton est un grand dormeur mais au moindre bruit anormal, il se réveille pour donner l'alerte car il garde ses maîtres et leur demeure.

C'est souvent après les repas que le Coton aime dormir en toute quiétude, aussi ne l'emmenez pas courir immédiatement après un repas, laissez-le se reposer une bonne heure ou donnez-lui son repas après la balade. Ne le laissez pas dormir à même le sol, un coussin ou une couverture pliée en quatre lui sera plus confortable, surtout si vos sols sont carrelés, méfiez-vous des matières synthétiques, elles électrisent le poil de votre Coton et vous aurez beaucoup de mal à le brosser.

Les jeux

Les jeux occupent une part importante du temps d'un chiot, ils favorisent le développement psychique, intellectuel et corporel. Le psychisme du Coton se modèle au cours des cinq premiers mois. N'hésitez donc pas à jouer avec votre chiot.

Au cours de ses jeux, le chiot aime ronger. C'est un comportement tout à fait normal, la connaissance du monde passe par tous les sens y compris par l'intermédiaire du corps et de la gueule. Le chiot apprend le monde qui l'entoure en portant les objets à sa gueule tout comme l'enfant de l'homme les porte à sa bouche.

D'autre part, à l'âge de quatre à cinq mois, les dents définitives préparent leur amorce et bien évidemment font souffrir nos chers petits, puisqu'ils n'ont ni sucette ni hochet à se mettre sous la dent, ils mordent tout ce qui se

Cocoune (CACIB et meilleure de race Hanovre 1990), Dayane et Cypion : les Cotons aiment le repos

Chloé à Mme Leclerc : moment récréatif

trouve à leur portée. Pour éviter qu'ils ne grignotent vos chaussures ou vos meubles, donnez-leur des os de buffle à ronger (recommandé si le chiot vit en appartement).

En stimulant les maxillaires, ils assurent l'hygiène bucco-dentaire et le chiot ne risque pas d'avaler un corps étranger (caillou, bois, caoutchouc, plastique, etc.).

Les morceaux de poisson séché sans arête sont également excellents mais leur odeur forte les réserve à ceux qui ont un jardin ou une cour. Après ce goûter, vous laverez les moustaches de votre chien avec un peu de vinaigre d'alcool pour les désodoriser.

Psychologie canine

Des messages invisibles perçus par le Coton mettent en alerte tous ses sens et notamment l'odorat. En effet, le Coton de Tuléar possède un flair extrêmement développé. C'est ainsi que le chiot reconnaît son père, sa mère, ses frères et sœurs, ses maîtres et tout particulièrement la personne qui le soigne, ainsi que les objets qui l'entourent.

Chez le jeune chien, la période qui va de la quatrième à la septième semaine, est particulièrement importante. Il est déjà sorti du nid et il commence à reconnaître ce qui constitue son environnement. C'est dès ce moment que doit intervenir l'apprentissage qui se situe à la base du rapport que le Coton établit avec l'homme.

Si le chien est en contact avec l'homme durant cette période, il pourra par la suite le reconnaître comme « chef de meute ». Cette phase est définie comme l'empreinte, la marque de l'homme.

Lorsqu'un Coton n'est élevé que par sa mère sans le contact tendre de l'homme, il sera incapable par la suite d'avoir des relations saines avec celui-ci et ses congénères. Si l'homme intervient dans les premières semaines de sa vie, le Coton pourra se développer avec de bons rapports d'« amitié ».

Si un chiot de trois semaines est isolé de sa mère et des autres chiens, il finira par considérer l'homme comme un membre de sa propre espèce ce qui engendrera des difficultés. Celles-ci peuvent se manifester au moment des jeux et des rapports sexuels.

Lorsque l'animal a été isolé de ses congénères, il pourra se montrer maladroit, incapable d'accepter les rapports hiérarchiques qui ne manquent pourtant pas lors de chaque rencontre entre deux individus.

Il pourra également montrer des troubles du comportement dans l'approche amoureuse. Un sujet qui a trop vécu avec l'homme risque de devenir un peu dénaturé et pourra même tenter de faire la cour à son maître. Alors, il lui sera très difficile d'entretenir des rapports amoureux normaux avec les autres chiens.

Ces conduites sont dues à des carences relationnelles importantes durant la période de socialisation appelée également période d'*imprinting* : emprein-

Cypion de la Ferme de Bannay, champion d'Europe en classe Jeunes, Luxembourg 1988, recommandé quatre étoiles. Prop. : Mme Raymonde Catala

Bout'chou, championne de France et de Suisse. Prod. et prop. : M. et Mme Brocard

Un Coton à l'eau : Elsy, fille de Cypion de la Ferme de Bannay et de Cohra

Eden dans un décor champêtre. Prop. Mlle Jacqueline Vasserot

Encore une histoire de fleurs : Lola Jumper à deux mois. Prop. : Mme Anne Delien

te de l'homme sur le chiot âgé de quatre à sept semaines sans pour autant le soustraire à sa mère, ses frères et sœurs ni aux autres chiens de la famille.

PROBLÈMES LIÉS À UN MAUVAIS APPRENTISSAGE DE LA VIE SOCIALE

Le Coton manifeste évidemment des liens d'affection profonds avec son maître ; il le démontre en maintes occasions, s'il a été en contact avec l'homme pendant la période d'imprinting. Au contraire, chez le chien isolé le maître devient l'objet exclusif de ses sentiments et la communication avec les autres chiens sera difficile voire inexistante.

Le chien se montrera souvent agressif vis-à-vis de ses semblables dans la mesure où il n'aura pas appris dès sa naissance la nécessité de faire un certain nombre de concessions pour mener une vie tranquille, comme cela se passait à l'état sauvage.

L'agressivité entre les individus de la même espèce ou de la même meute est malheureusement une caractéristique proprement humaine. Paradoxalement, il semblerait que le chien domestiqué ait été contaminé par cette règle de conduite et qu'il l'appliquerait envers ses congénères. Il s'agit, vous l'aurez compris, d'une con-

Jolly Little Fellows Ariadne, Désirée de Malverne et Jolly Little Fellows Fluffy Snowball. Prop. : Mme Göncz

tagion « symbolique », liée à la perturbation de l'apprentissage et du développement normal du caractère.

Pproblèmes liés à un manque de rapport avec l'homme

Le cas d'un Coton qui n'a pas été en contact — ou très peu — avec l'homme avant sa huitième semaine est bien différent. Après la phase d'imprinting, il ne sera plus jamais possible de récupérer le temps perdu, même si l'homme apporte toute son attention et son affection au chien. C'est également pour cette raison que la septième semaine est considérée comme semaine d'adaptation.

Un Coton de Tuléar provenant d'un chenil ou d'une animalerie aura des difficultés à entretenir de véritables rapports d'amitié avec son maître car très jeune, l'occasion d'être en contact avec les humains aura été inexistante.

Choisir son chiot très jeune, le voir souvent jusqu'au moment où vous pourrez l'emporter, c'est-à-dire vers l'âge de deux mois, sont des garanties pour la qualité des rapports que vous entretiendrez ultérieurement avec lui.

La conquête de l'autonomie

A l'âge de trois mois, le chien commence à montrer une certaine autonomie à se servir convenablement de ses sens et à coordonner ses mouvements.

Il l'a acquise en répondant aux signaux d'alerte de ses parents et en jouant avec ses frères et sœurs. Ces jeux sont d'ailleurs extrêmement intéressants, ils reproduisent des formes de luttes stéréotypées par lesquelles l'animal actualise des schémas comportementaux que l'on retrouvera par la suite, légèrement modifiés dans le comportement du chien adulte, comme forme de communication.

L'acte de tendre la patte est en fait déjà inscrit dans le patrimoine comportemental du chien qui, lorsqu'il est tout petit, presse la mamelle de sa mère pour faire venir le lait. Il s'agit donc clairement d'un geste de dépendance filiale, par la suite, pendant la phase d'imprinting, il pourra s'en servir pour s'exprimer auprès de son maître.

On peut avancer les mêmes remarques en ce qui concerne les petits coups de tête et de patte que le Coton donne parfois à son maître en signe d'affection, ou pour tous types de soumission appris durant ses premières semaines de vie et qui finissent par constituer une composante essentielle du comportement du chien adulte.

L'extraordinaire capacité d'apprentissage

Le moins que l'on puisse dire, c'est que le comportement du Coton est loin d'être entièrement dicté par l'instinct. A partir de la douzième semaine, il commence généralement à mon-

Nick-Nack, un joli petit bûcheron. Prop. : Mme Anne Delien

trer ses remarquables capacités à apprendre. Pour apprendre correctement et durablement, le Coton doit entretenir un rapport d'affection avec celui qui lui enseigne ses nouveaux comportements. Un chien qui a eu peu de relation ou pas du tout avec l'homme durant la phase d'imprinting est psychologiquement instable ou effrayé. Un tel chien n'apprendra jamais rien de valable.

A deux mois, tous les Cotons sont gauches : ils chutent en cherchant à grimper l'escalier, ils courent si vite que parfois ils font des roulés-boulés comiques, ce qui déclenche généralement dans leur entourage de véritables fous rires.

L'OUÏE : FACTEUR DE SOCIALISATION

Le chiot communique par des plaintes et des pleurs mais il est capable à l'âge de vingt et un jours de grogner et d'aboyer, le premier aboiement est très surprenant.

L'ouïe est indispensable au développement harmonieux de la personnalité du chiot. Dès leur plus jeune âge, faites entendre à tous les chiots de la portée, les bruits familiers. C'est une des raisons pour lesquelles je ne veux pas élever mes chiots dans un endroit différent de celui où je vis moi-même. Les conversations familiales, la radio, tous ces bruits sont utiles à leur développement. Comme l'enfant, le chiot est destiné à vivre dans un milieu, exercer son sens de l'audition conférera au chiot un équilibre recherché.

Les chiots malentendants dès la naissance ont des difficultés à s'intégrer parmi la portée. Il est nécessaire de parler au chiot et de l'appeler par son nom le plus tôt possible.

Dès l'âge de deux mois, apprenez-lui à répondre à votre appel en prononçant son nom.

Accroupissez-vous et tapotez le sol de la main pour qu'il vienne vers vous, il s'habituera très vite surtout si à l'approche, vous lui donnez une caresse ou un câlin.

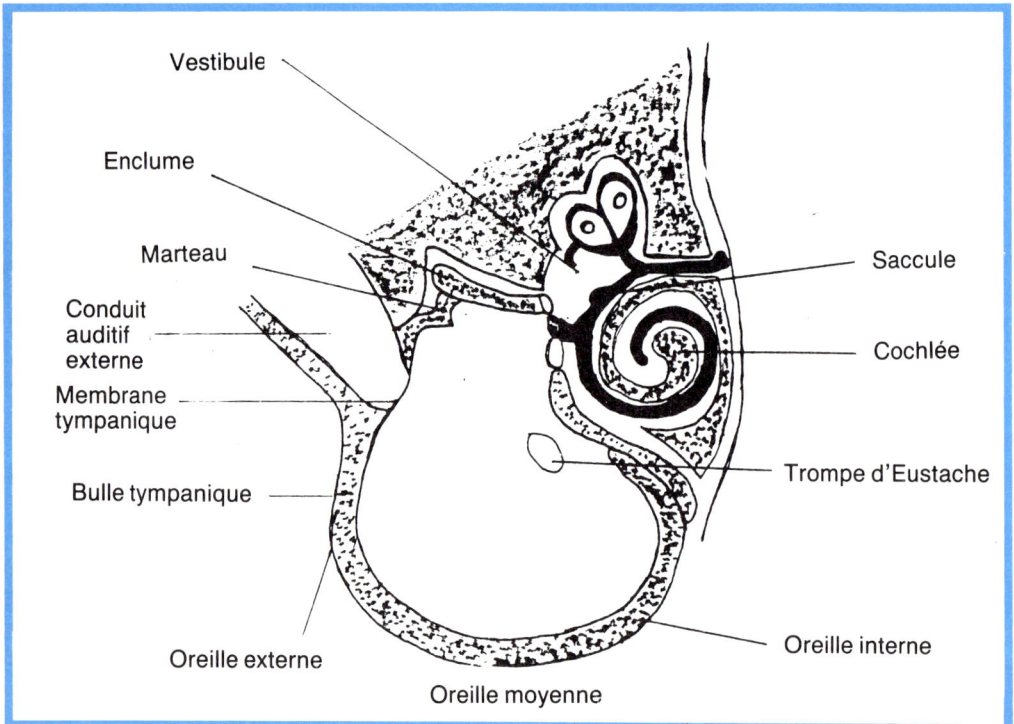

- Vestibule
- Enclume
- Marteau
- Conduit auditif externe
- Membrane tympanique
- Bulle tympanique
- Oreille externe
- Oreille moyenne
- Saccule
- Cochlée
- Trompe d'Eustache
- Oreille interne

L'élevage et la reproduction

L'élevage du Coton de Tuléar est un travail de longue haleine qui requiert beaucoup de patience et naturellement d'amour pour cette race.

Nous pouvons distinguer deux grands types d'élevage :
— les éleveurs amateurs produisant peu de chiots : ils se soucient souvent de n'élever que des sujets de qualité, vivant en communauté avec leurs chiens ; les jeunes élevés ainsi sont très bien équilibrés ;
— les éleveurs professionnels qui enregistrent un grand nombre de portées.

Là, ce sont les maîtres qui vivent chez les chiens, pas de vacances, pas de repos et souvent des nuits blanches. Elever de façon professionnelle est très difficile, surtout si l'on désire ne produire que des sujets exceptionnels. Vivre de l'élevage demande un grand nombre de lices qui souvent mettent bas deux fois l'an et ceci au détriment de la qualité des chiots et de la santé des mères.
Le Coton de Tuléar est très facile à élever car il est très robuste. Concernant la reproduction, je trouve dommage et presque inconvenant de faire de la reproduction en chenil ou en « cabane à lapins ». Cette race est si petite et affectueuse qu'elle ne dérange pas, élevée au sein de la famille.

La reproduction est le fait d'accoupler un mâle et une femelle dans le but d'élever des chiots afin de les vendre. Cela tout le monde peut le faire ! C'est une expérience très enrichissante qui vous laissera d'heureux souvenirs. Vous aurez même beaucoup de mal à vous séparer des chiots, vendre le petit dernier vous arrache le cœur. Sur la portée, si vous ne voulez pas garder et élever un chiot, il vous faudra forger votre esprit dans ce sens. Je soigne les chiots avec tendresse, amour, hygiène, mais ils ne sont pas pour moi. Ils sont destinés à vivre avec les personnes qui les auront choisis et qu'ils auront choisies ! Pensez-y souvent, ainsi la séparation sera moins douloureuse. Mais attention, la reproduction ne se fait pas à l'aveuglette : elle exige certaines notions de génétique.

La génétique

Si comme moi vous vous intéressez à la génétique et que vous ne souhaitez produire que des sujets se rapprochant le plus possible du standard, tant physiquement que psychiquement, cherchez à éliminer les défauts et les tares décrits dans le chapitre du standard de la race.

Il faudra alors sélectionner les couples avec beaucoup de sérieux, avoir une grande connaissance des souches déjà bien installées en France et avoir repéré les qualités et les défauts des géniteurs, de leurs frères et sœurs, de leurs parents et grands-parents, et enfin, remonter au plus loin dans la généalogie, ce qui n'est pas simple.

Avec un peu d'expérience et l'étude des accouplements déjà effectués par les éleveurs, on peut savoir approximativement comment seront les chiots à venir.

Pour l'opinion publique, la *consanguinité* est une véritable faute et un manque de respect aux règles généalogiques, mais utilisée convenablement, elle est le seul moyen de fixer une race ou un type dans cette race et de les conserver, certains éleveurs y sont parvenus avec succès.

Je ne ferai pas ici une étude sur la génétique mais si vous souhaitez obtenir « n'importe quoi » en guise de descendance, ce sont des géniteurs garantis non consanguins que vous choisirez, le résultat sera un coup de poker.

La consanguinité n'a pas de limite si les sujets sont absolument sans tare ou si un défaut mineur, de l'un des ancêtres, ne se retrouve que très rarement dans la descendance. Toutefois,

il faut également que l'ensemble des gènes soit homogène dans le type et le caractère recherchés.

Les sujets les plus parfaits seront accouplés. Si vous ne vous êtes pas trompé, vous garderez cette souche pour réunir entre eux les cousins, cousines. Si lors du mariage cousins/cousines, vous découvrez des défauts physiques ou de caractère graves, vous devez reprendre votre travail à la base et former un autre type d'accouplement.

Prenez le mâle du premier accouplement et mariez-le à une autre femelle. Faites de même avec la femelle du premier accouplement, accouplez-la à un autre mâle, continuez le croisement entre cousins et cousines, prenez votre temps, gardez les meilleurs sujets pour les croisements ultérieurs.

Votre expérience vous aidera à sélectionner les sujets que vous garderez.

Afin de découvrir rapidement les sujets qui sont sans défaut, croisez un mâle parfait d'apparence avec sa sœur également parfaite. Si les chiots sont sans défaut, respectant bien le type recherché dans le standard, et que la portée est homogène (tous les chiots sont du même poids, de la même blancheur avec les mêmes petites taches marron beige), alors, vous avez gagné ! Vous avez vraiment des sujets reproducteurs parfaits. Si, au contraire, de ce mariage un ou plusieurs défauts se révèlent, sachez que votre souche est imparfaite.

Dans le cas où un seul chiot sur cinq naît avec un défaut, le mal est léger.

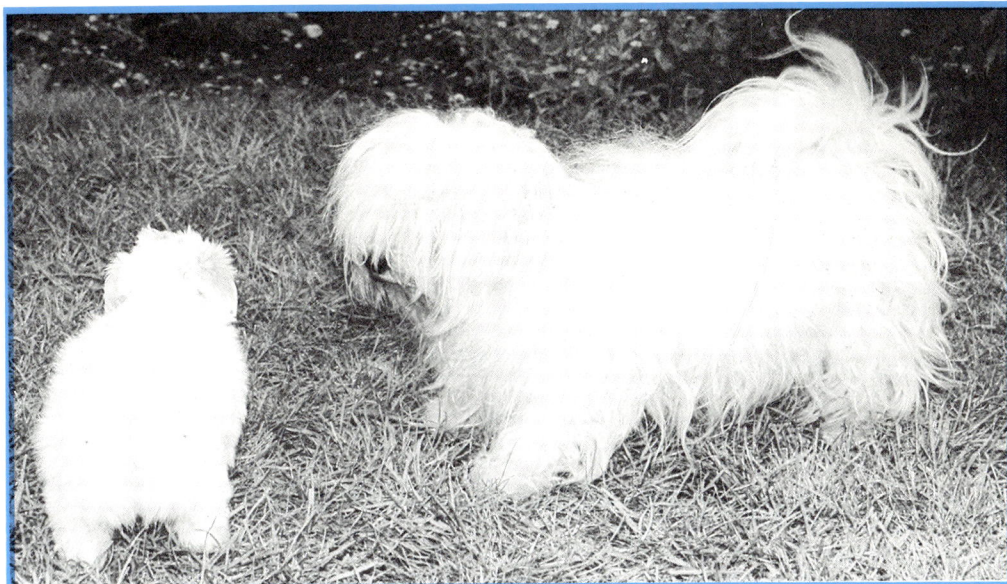

Dayane de la Ferme de Bannay en compagnie de sa fille Funny. Prod. : Mme Raymonde Catala

Au contraire, si un seul chiot sur cinq est parfait, évitez cet accouplement.

Puisque c'est l'éleveur qui choisit les sujets à croiser, suite à une mauvaise expérience, il lui appartient d'éliminer les sujets qui ne doivent pas reproduire.

L'évolution génétique des Cotons est assez hasardeuse car beaucoup d'entre eux sont encore à titre initial (pedigree sur lequel n'apparaît aucun géniteur). Toutefois, l'ensemble des éleveurs de Cotons de Tuléar a déjà bien progressé dans ce domaine et les Cotons exhibés en exposition aujourd'hui n'ont rien de comparable à ceux rencontrés il y a huit ans.

Aussi, avec le sérieux de tous, dans dix ans, il n'y aura plus que des « petites merveilles ».

L'étalon

Comme je l'explique ci-dessus, il est normal d'être exigeant sur le choix de l'étalon. S'il a déjà fait ses preuves, on peut savoir ce qu'il a produit avec les différentes femelles qu'il a déjà couvertes et se baser sur les résultats obtenus. Il faut savoir que chaque sujet a un patrimoine héréditaire propre.

Dans le cas où l'étalon n'a pas encore produit, il faut agir en étudiant les informations recueillies sur ses géniteurs et ceux de la femelle.

Il est évident qu'un bon étalon doit être viril et posséder une semence de très bonne qualité, vous pouvez la faire prélever et contrôler par votre vétérinaire ou à la banque de semence de

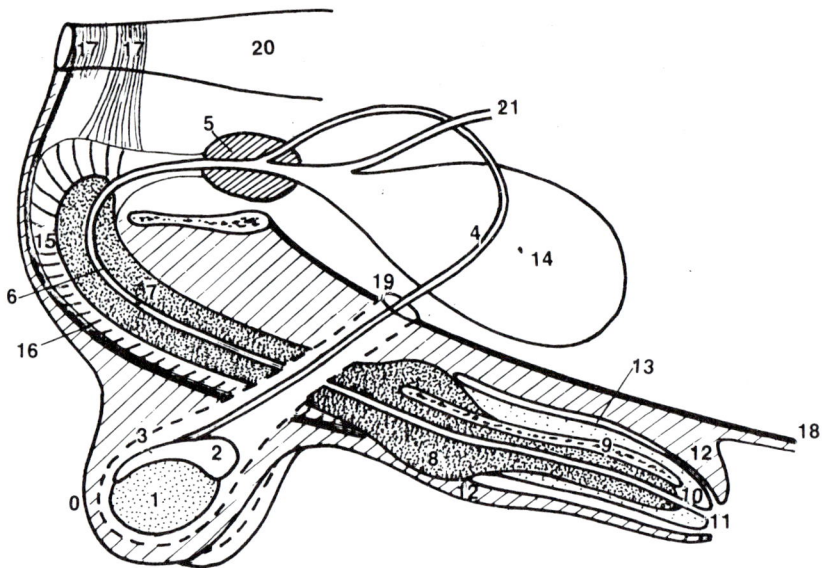

Schéma des organes génitaux du chien : (0) scrotum ; (1) testicule ; (2) épididyme ; (3) gaine vaginale ; (4) canal déférent ; (5) prostate ; (6) urètre ; (7) tissu érectile ; (8) bulbe érectile ; (9) os pénien ; (10) gland du pénis ; (11) orifice préputial ; (12) fourreau ; (13) cavité préputiale ; (14) vessie ; (15) muscle bulbocaverneux ; (16) muscle rétracteur du pénis ; (17) muscle releveur de l'anus ; (18) sangle abdominale ; (19) anneau inguinal ; (20) rectum ; (21) uretère
In **Pathologie de la reproduction des carnivores domestiques** de J.-P. Mialot (éd. *Point-Vétérinaire*)

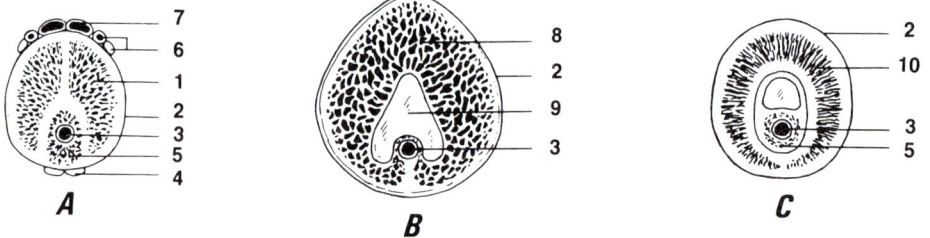

Coupes transversales du pénis du chien, d'après Barone : (A) corps du pénis ; (B) bulbe du gland ; (C) partie allongée du gland ; (1) corps caverneux ; (2) albuginée ; (3) urètre ; (4) muscle rétracteur du pénis ; (5) corps spongieux ; (6) artère et nerf dorsaux du pénis ; (7) veine dorsale profonde du pénis ; (8) bulbe du gland ; (9) os pénien ; (10) tissu érectile
In **Pathologie de la reproduction des carnivores domestiques** de J.-P. Mialot (éd. *Point-Vétérinaire*)

Deux beaux mâles : Kingy (champion de Belgique 1990, Luxembourg 1990 et international) Nick-Nack (champion Luxembourg 1990 en classe Jeunes, Europajundendsieger 1990 et Belgian Junior Winner Bruxelles 1990). Prop. : Mme Anne Delien

Maisons-Alfort. Le mâle a un appétit sexuel égal tout au long de l'année.

Il est attiré par l'odeur vaginale produite au moment des chaleurs de la chienne et sa semence, si elle est de qualité, reste vivante plusieurs jours dans le corps de la femelle.

La reproductrice

La reproductrice doit être robuste tout en gardant les proportions admises par le standard. En effet, si elle est trop petite, elle aura sans doute besoin d'une césarienne au moment de la mise bas ou n'aura que des portées de deux ou trois chiots, ce qui n'en fera pas la reproductrice idéale pour un élevage.

Au cours de sa vie, une chienne se trouve en chaleur environ deux fois l'an. Les premières chaleurs se situent entre six et neuf mois : elles représentent la maturité sexuelle, c'est-à-dire la puberté. Toutefois, ne vous étonnez pas si les premières chasses de votre chienne n'apparaissent qu'entre le

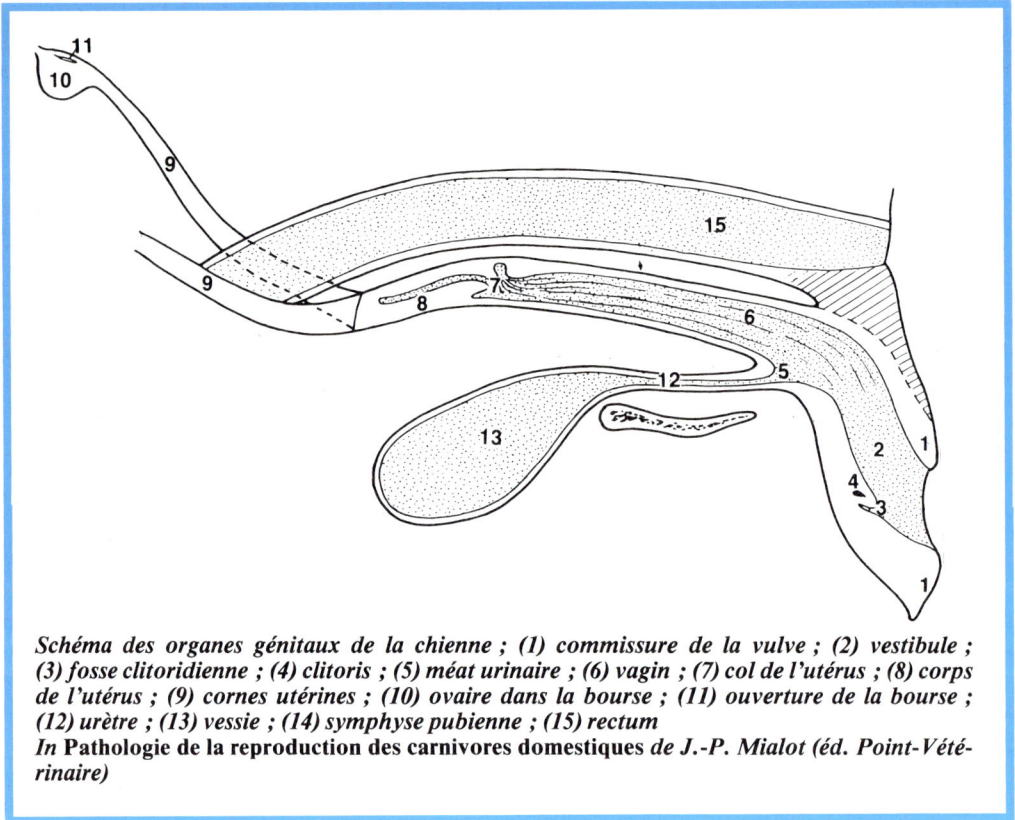

Schéma des organes génitaux de la chienne ; (1) commissure de la vulve ; (2) vestibule ; (3) fosse clitoridienne ; (4) clitoris ; (5) méat urinaire ; (6) vagin ; (7) col de l'utérus ; (8) corps de l'utérus ; (9) cornes utérines ; (10) ovaire dans la bourse ; (11) ouverture de la bourse ; (12) urètre ; (13) vessie ; (14) symphyse pubienne ; (15) rectum
In **Pathologie de la reproduction des carnivores domestiques** *de J.-P. Mialot (éd. Point-Vétérinaire)*

douzième et le quatorzième mois, par la suite, elles se régulariseront tous les six à huit mois selon son cycle, bien que certaines chiennes ne sont en chasse qu'une fois l'an. Les chiennes n'ont pas de ménopause et leur cycle dure en moyenne trois semaines.

Au début, la vulve se gonfle, puis quelques pertes de sang apparaissent, c'est le pro-œstrus. Au bout d'une dizaine de jours, les écoulements sont légèrement rosés, c'est l'œstrus. A cette période, la chienne recherche le mâle et l'accepte volontiers. C'est

donc la période d'ovulation et de fécondité, ce que tous les chiens mâles du quartier sentent bien.

Puis, la vulve semble se flétrir comme une fleur qui se fane, pour reprendre son volume normal entre le quinzième et le dix-septième jour. C'est la fin de la période des chasses, votre chienne ne risque plus d'être prise. Vous pourrez faire couvrir votre chienne pour la première fois entre deux ans et demi et trois ans. Ne la faites pas couvrir trop tôt. Ne tardez pas exagérément non plus, au-delà de cinq ans faire une pre-

Edelweiss de la Marnière-en-Brie. Prod. : Mme Janine Couderc, prop. : Mme Raymonde Catala

mière saillie serait délicate, la femelle risquerait de refuser le mâle, ses muscles pourraient être trop fermes et la mise bas ne serait pas facile.

Si vous l'avez faite couvrir, sachez que la durée de gestation est de cinquante-huit à soixante-sept jours, pour certains cas isolés la gestation peut durer jusqu'à soixante-dix jours. La vie sexuelle de la chienne subit une influence en fonction de divers facteurs tels que l'alimentation, le climat, la saison. Le système nerveux joue également un rôle important.

L'anatomie des organes génitaux de la chienne est légèrement différente de celle des autres mammifères. L'utérus est très court alors que les cornes de l'utérus sont très longues et très larges. C'est à l'intérieur des cornes de l'utérus que se développent les fœtus.

La parade nuptiale

La parade nuptiale est une stratégie de séduction par laquelle deux partenaires se choisissent dans le but de s'accoupler. J'ai observé chez la femelle, des postures et des jeux tout à fait particuliers, on sait qu'elle émet un « parfum d'amour » sécrété par l'hormone sexuelle dont l'odeur attire fortement le mâle.

De son côté, le mâle présente des attitudes viriles, si plusieurs mâles se trouvent en compétition, on assiste à des bagarres, à un déploiement de signaux afin de convaincre la femelle qu'il est le plus fort, le plus fougueux. Les jeunes mâles, les faibles, les malades et les chiens âgés seront écartés de ce manège. La femelle choisit dans le groupe de mâles celui qui sera l'heureux élu, mais ne l'acceptera que pendant une période définie par son état physiologique.

La parade nuptiale et le comportement sexuel chez le Coton se composent ainsi :

— la prise de contact avec les partenaires : il s'agit essentiellement de signaux olfactifs ;

— l'échange d'informations sensorielles, ceci dans le but d'identifier, de connaître son partenaire et de se préparer psychologiquement à l'acte sexuel, mouvements de jeux, de ballets, de courses folles.

Cette phase est symbolique et rituelle. La femelle va à la rencontre du mâle, tente de fuir pour l'attirer, tourne autour, puis les deux compères se flairent le cou et les oreilles.

Le mâle approche, prend une posture dominante, se campe la queue dressée en regardant sa future compagne,

flaire à nouveau le cou, puis la zone ano-vaginale, combat symboliquement tête sur tête. Il s'ensuit des jeux et des poursuites. Si la chienne a uriné, le mâle urine également à proximité de l'endroit où elle a fait.

Puis la femelle vient se camper face à l'élu, se tient bien droite sur ses pattes et frétille de la queue. Ils se font quelques échanges de câlins, tête, oreilles, puis d'un geste prompt la femelle s'échappe et file en se retournant pour vérifier si le mâle la suit. Evidemment, il se tient derrière elle, alors celle-ci se campe à nouveau face à lui, puis cette fois, se retourne et lui présente sa croupe, la queue bien en l'air ou repliée sur le dos, dégageant ainsi sa vulve qu'elle redresse dans une position tout à fait significative. Le jeune étalon lèche, sent, câline encore un peu au niveau des oreilles et enfin chevauche la chienne consentante.

L'accouplement

L'ovulation se produit spontanément dans la plupart des cas entre le dixième et le quatorzième jour des chaleurs — avec un minimum : au neuvième jour et un maximum : au vingtième jour, selon mes constatations —. Les ovules doivent être fécondés dans les vingt-quatre heures.

Dans la majorité des cas, c'est à ce moment que la femelle recherche le mâle avec insistance ; certaines femelles le recherchent dès le début de leurs chaleurs, d'autres le demandent trop

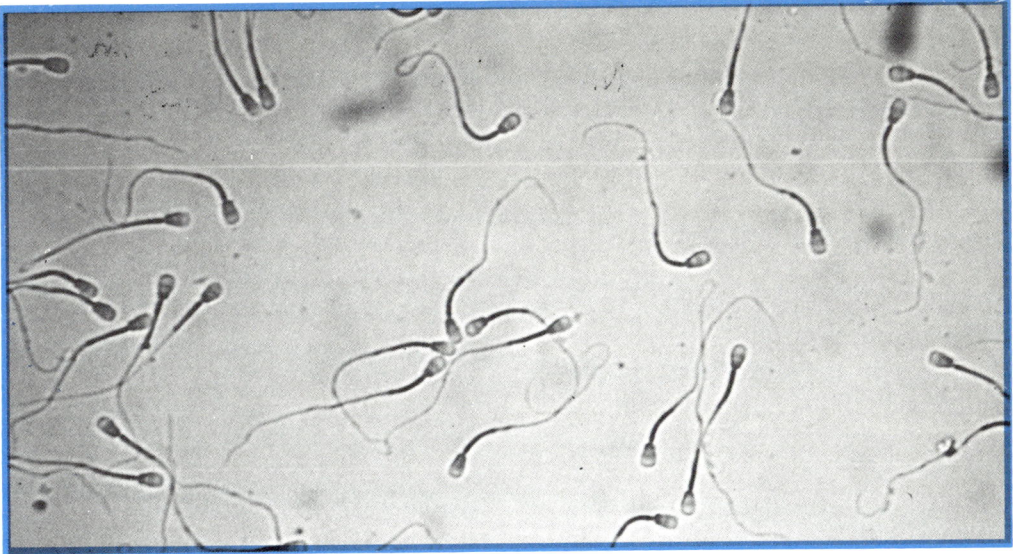

Spermatozoïdes de chien. **Photo : ENVA**

Le sperme d'un chien est émis en plusieurs fractions d'aspects différents. Seule la fraction laiteuse contient des spermatozoïdes. **Photo : ENVA**

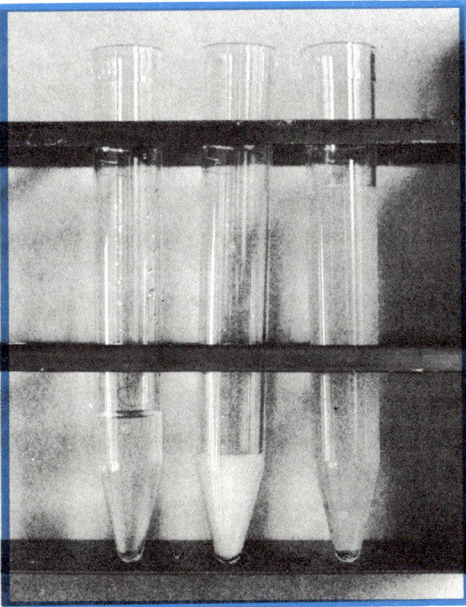

tardivement : il ne faut donc pas se fier au comportement de la chienne si on désire un accouplement réussi.

Il est recommandé de faire deux saillies à quarante-huit heures d'intervalle. On choisira de préférence un mâle plus petit ou de même taille que la femelle — bien que, parfois, le mâle de petite taille donnera des chiots de taille impressionnante —. Ceci varie en fonction du patrimoine génétique.

Lorsque les chiens sont accouplés, le mâle se retourne, on aperçoit alors un paquet de poils blancs tout en longueur, une tête à chaque extrémité et de jolies queues qui battent l'air.

Il est conseillé de tenir les partenaires lorsqu'ils sont accouplés. La femelle peut se déchirer et le mâle peut se casser l'os du pénis (ce qui est spécifique aux Canidés), s'ils cherchent à s'écarter l'un de l'autre. La semence est éjaculée en trois phases, la première n'est qu'un liquide clair ne contenant pas de spermatozoïdes et qui servira à l'acheminement de ceux-ci lors de la deuxième phase, qui, elle, en est très riche, environ 200 000/mm³. La troisième phase est caractérisée par un liquide opaque, ne contenant que très peu de spermatozoïdes.

La durée de l'accouplement dure entre un quart d'heure et une demi-heure, parfois même plus d'une heure.

Si la femelle est délicate à saillir, le mâle demande votre assistance en venant vous chercher, vous faisant bien comprendre par son manège qu'il a besoin de vous.

Si vous assistez votre mâle lors d'une saillie, votre femelle lors de la mise bas, une complicité se crée entre vous et vos reproducteurs. De tous ces moments d'entraide, il se dégage des liens d'amitié plus profonds et une compréhension plus facile.

L'infertilité chez la chienne

Si une chienne reste vide et que les deux partenaires sont réputés pour avoir de très bonnes aptitudes reproductrices, et ceci malgré une saillie faite dans les meilleures conditions, il ne faut pas conclure trop rapidement à un mauvais fonctionnement hormonal. La cause la plus fréquente vient d'un mauvais choix de la date de saillie.

Les chiennes ne sont pas forcément « prêtes », vous l'avez vu, entre le douzième et le quatorzième jour comme beaucoup de personnes le pensent. Certaines chiennes ne le sont qu'au vingtième jour et l'acceptation du mâle n'est pas un bon critère pour juger d'un moment idéal. Seul un suivi rigoureux de la période des chaleurs effectué par un vétérinaire peut définir avec certitude le jour « J ».

Dans l'organisme, toutes les hormones agissent en interaction, donc toute intervention avec des substances hormonales pourra avoir une influence sur la carrière de la reproductrice.

Il n'est pas rare que le facteur psychique intervienne lors du refus du mâle par la chienne, cela est consécutif à la période d'imprinting (*cf.* « Psychologie canine »).

Si la jeune chienne n'est pas en contact avec ses congénères durant la phase d'imprinting, elle peut développer une attirance sexuelle vers l'espèce humaine. Le stress peut jouer également un rôle dans l'infertilité de la chienne.

Des traumatismes graves au cours de la gestation peuvent provoquer des naissances avant terme. Il convient donc d'éviter toute bagarre pendant la grossesse.

Certains médicaments comme les corticoïdes peuvent également causer des avortements.

Il arrive enfin que la chienne ne puisse pas être saillie pour une raison physique ou anatomique (vulve rétrécie, impossibilité de pénétration, disproportion mâle et femelle).

L'insémination artificielle

Les recherches effectuées à l'école vétérinaire de Maisons-Alfort par le professeur F. Badinand et le docteur-vétérinaire A. Fontbonne ont permis à la Banque de semence de fonctionner avec succès.

En effet, pour certaines races canines, 40 % des lices restaient vides. Aujourd'hui, grâce aux efforts de ces chercheurs, on obtient 75 % de réussite sur les lices restées vides auparavant.

L'insémination artificielle est utilisée dans les cas suivants :

— lorsque l'on souhaite éviter les déplacements de la lice ;
— lorsque celle-ci n'accepte pas le mâle ;
— lorsque la lice reste vide après une saillie qui a été pratiquée de façon tout à fait normale ;
— lorsque le mâle n'est pas disponible (maladie, accident, trop âgé pour saillir, etc.).

Il existe pour l'espèce canine trois procédés d'insémination artificielle, distincts dans leur mise en œuvre et dont les buts sont généralement très différents.

Banque de semence : les paillettes sont conservées dans un liquide à - 196 °C. **Photo : ENVA**

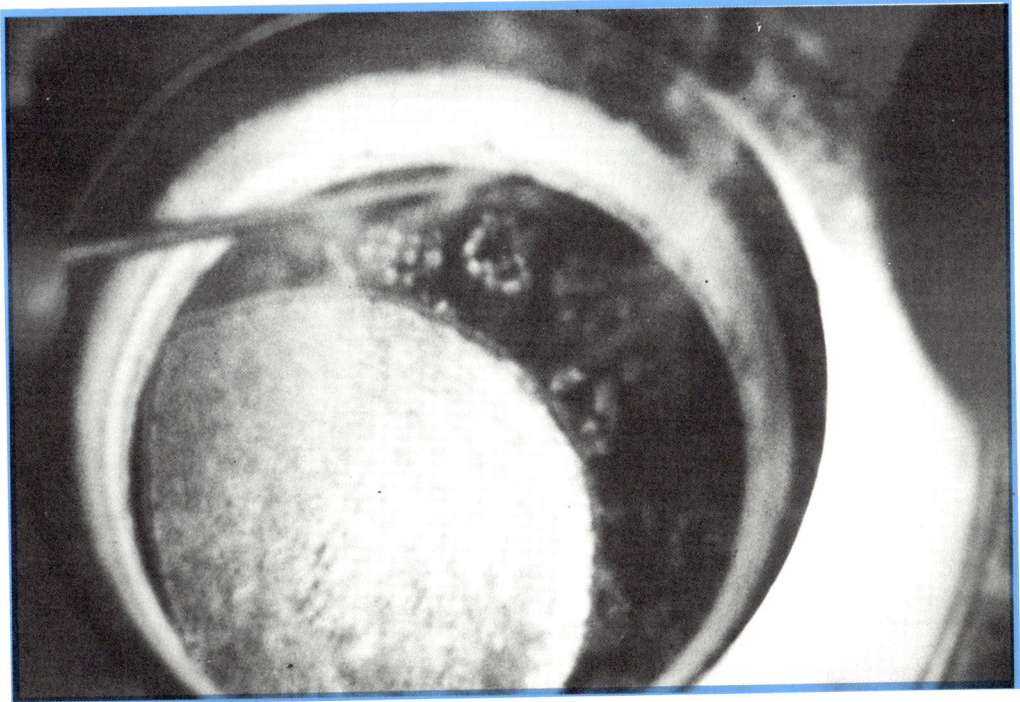

L'INSÉMINATION ARTIFICIELLE EN SEMENCE FRAÎCHE

Elle est utilisée lorsqu'un accouplement ne se déroule pas comme prévu (refus du mâle par la femelle, maladresse des partenaires, disproportion de taille, etc.).

Dans ce cas la semence du mâle est prélevée en présence de la chienne, sa qualité est vérifiée et elle est inséminée immédiatement sans dilution. Les résultats sont analogues à ceux de la saillie naturelle (entre 70 et 85 % de réussite).

L'INSÉMINATION ARTIFICIELLE EN SEMENCE RÉFRIGÉRÉE

Elle est utilisée lorsqu'un problème de distance géographique rend difficile le déplacement d'une chienne pour une saillie chez l'étalon requis.

La chienne en chaleur est suivie par un vétérinaire proche de son lieu de résidence pour déterminer le moment optimal d'insémination. Lorsqu'elle est « prête », l'étalon a sa semence prélevée chez un vétérinaire proche de son domicile. Celle-ci est diluée, réfrigérée et expédiée par envoi rapide (type chronopost) chez le vétérinaire qui doit inséminer la chienne.

Les résultats sont identiques à ceux du premier type d'insémination.

L'INSÉMINATION ARTIFICIELLE EN SEMENCE CONGELÉE

Elle est utilisée dans un but génétique, puisqu'elle permet d'utiliser un étalon plusieurs années après avoir prélevé et

Matériel d'insémination. **Photo : ENVA**

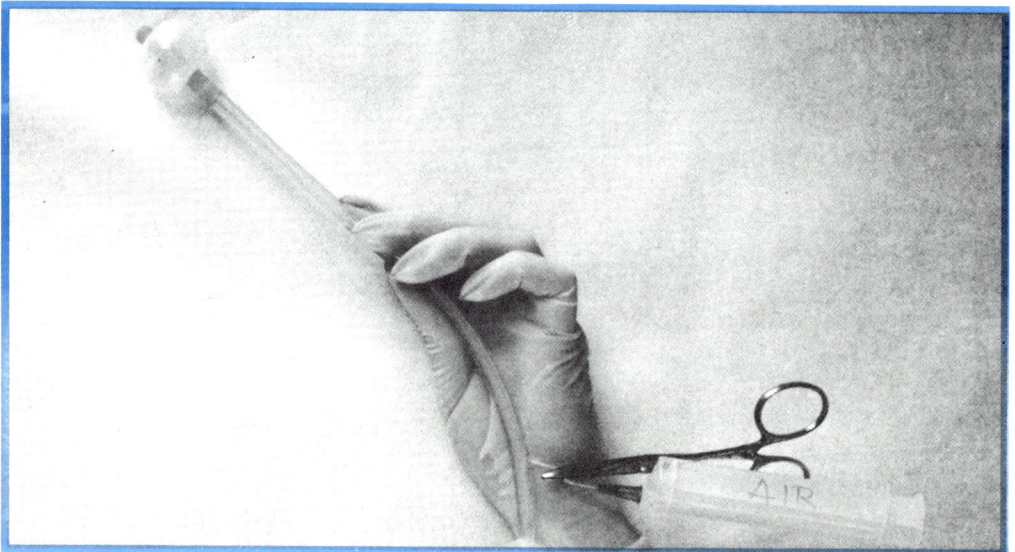

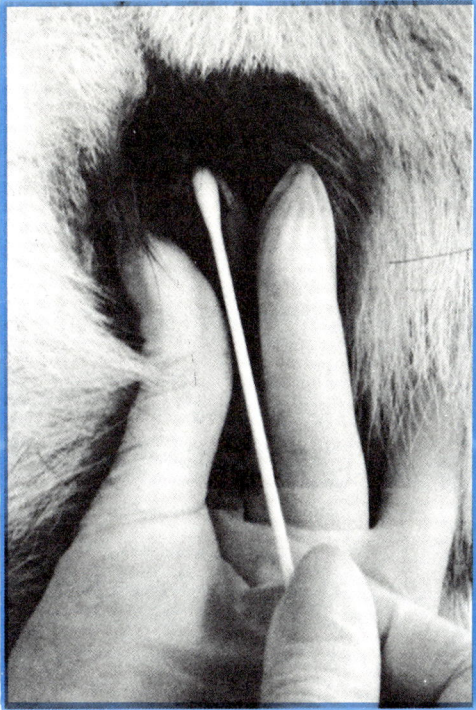

Réalisation d'un frottis vaginal. **Photo : ENVA**

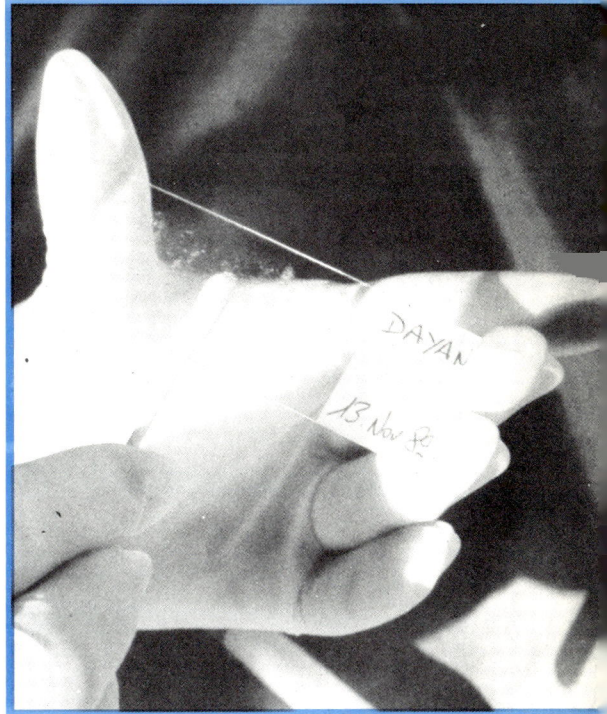

Etalement d'un frottis vaginal avant la coloration. **Photo : ENVA**

Gros plan d'une paillette. La date, le code de la race, le numéro de tatouage et le nom du chien y figurent : pas de risque de se tromper ! **Photo : ENVA**

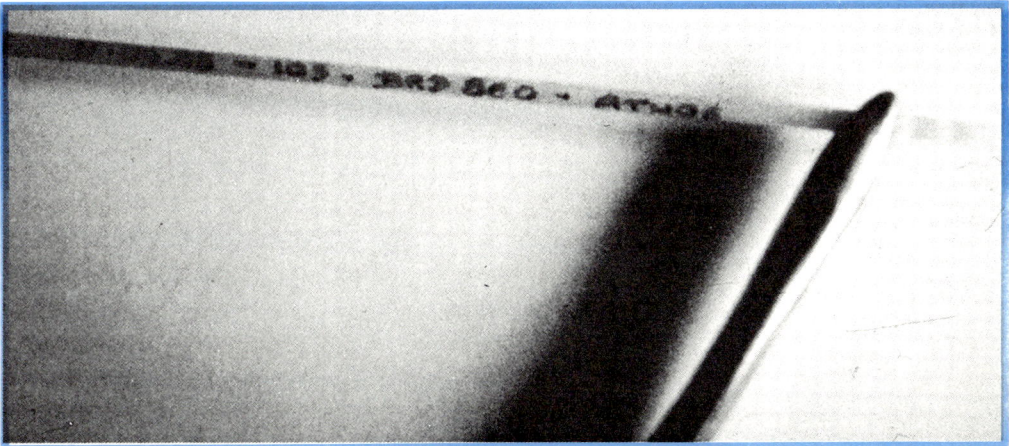

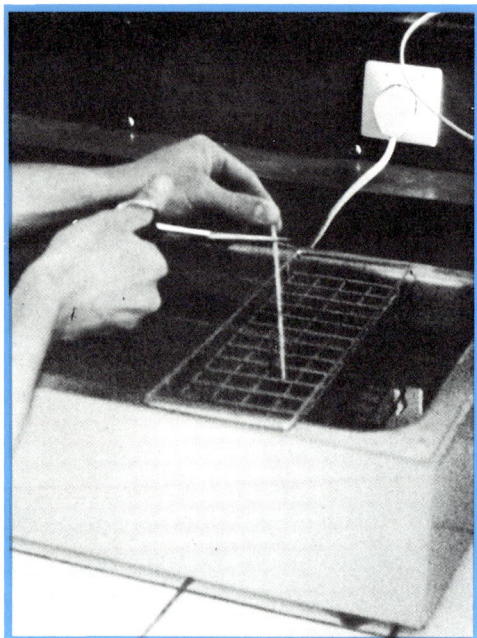

Banque de semence : décongélation d'une paillette avant insémination. **Photo : ENVA**

congelé le sperme de celui-ci. Elle peut également aider à résoudre les problèmes de distance géographique, particulièrement lors d'échanges internationaux.

Les résultats oscillent entre 50 et 60 % de gestations après insémination.

En France, pour que les chiots nés d'insémination en semence réfrigérée ou congelée puissent être inscrits au LOF, il faut que ces inséminations soient obligatoirement pratiquées par un vétérinaire, spécialement formé à ces techniques. Pour plus d'information, contactez la Banque de semence d'Alfort au : (1) 43.96.71.75.

La gestation

Un seul spermatozoïde féconde un ovule. A cet instant, la gestation a débuté.

Durant les deux premières semaines qui suivent la fécondation, les embryons se déplacent des trompes vers les cornes utérines. A ce moment, ils flottent librement dans l'utérus. La nidation ne se produit que vers le dix-huitième ou dix-neuvième jour, le fœtus se fixe et le placenta se développe.

C'est à ce moment que commence la croissance du chiot, les membres sont formés à vingt-deux jours, les oreilles se développent seulement à vingt-cinq jours, les paupières à trente-deux jours, la fermeture du palais à trente-trois jours, les doigts à trente-cinq jours, les ongles à quarante jours et la pigmentation apparaît au quarante-cinquième jour.

C'est la raison pour laquelle on peut apercevoir au travers de la membrane fœtale, lors de la naissance des chiots, les lèvres et la truffe noires, même si le chiot naît blanc. Les poils commencent à pousser également à ce stade.

La future mère peut vous faire comprendre par différents symptômes qu'elle est gestante. Elle dort beaucoup ; les premiers jours après la fécondation, il se peut qu'elle vomisse de la bile ; elle se nourrit avec plus d'appétit ou, inversement, refuse quelquefois toute nourriture ou du moins celle que l'on lui présentait habituellement. Elle ne supporte plus ses

LE DEVELOPPEMENT DE L'EMBRYON

jours de gestation

15 jours

16 jours

20 jours

30 jours   35 jours

Développement fœtal du chien d'après Evans, 1973
In Pathologie de la reproduction des carnivores domestiques (éd. Point-Vété-rinaire)

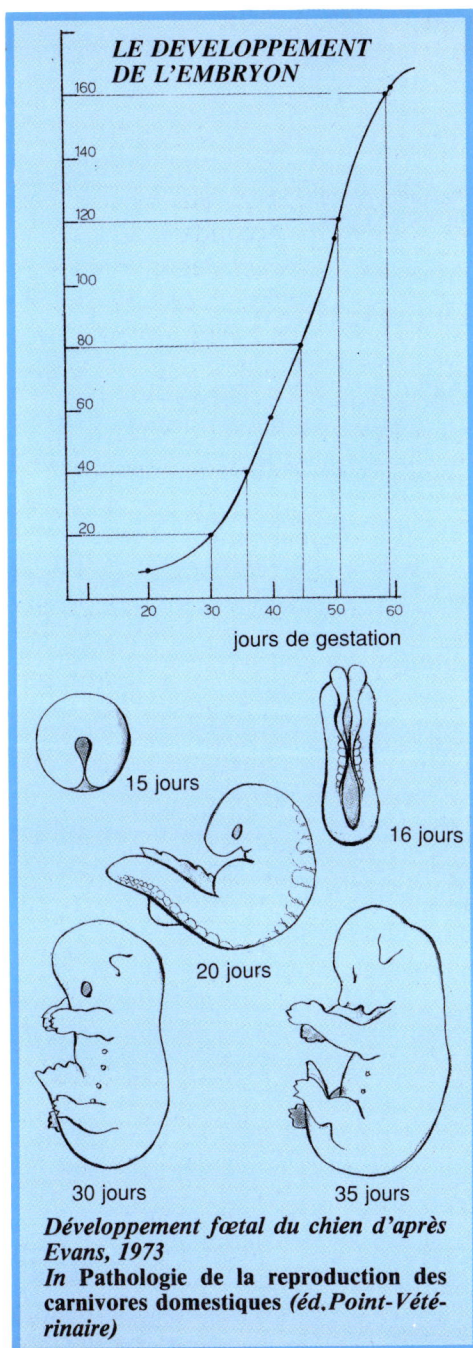

congénères et aime se mettre à l'écart dans un petit coin à elle.

Enfin quand on connaît bien sa chienne, on sait tout de suite qu'elle est prise ! On est capable de diagnostiquer la grossesse par une échographie à partir du vingt-cinquième jour de gestation. On ne pourra déterminer avec précision le nombre de chiots présents, de même qu'une radiographie effectuée dans la dernière semaine de gestation ne pourra démontrer avec exactitude la quantité de chiots... car un chiot peut en cacher un autre.

Vers les trente et trente-cinquième jours de gestation, on observe un élargissement au niveau des côtes et une évolution des tétines qui prennent une couleur rosée et durcissent. A ce stade de la grossesse, il peut se produire au niveau de la vulve un léger écoulement glaireux de couleur beige clair.

D'éventuelles complications, heureusement rares, peuvent survenir. La gestation extra-utérine en fait partie. Plus fréquente, la rupture de la paroi de l'utérus (fausse gestation extra-utérine) peut survenir au cours du deuxième mois de grossesse lors d'un accident ou d'une bagarre.

S'il n'y a pas d'infection, le ou les fœtus expulsés dans l'abdomen se déshydratent et se momifient sans que la chienne soit malade. L'utérus se cicatrise et la mère reproduit normalement, on constatera cet incident parfois des années plus tard, lors d'une radiographie par exemple.

Au moment de la mise bas, lors de contractions trop violentes, la paroi utérine peut également se rompre, il faut alors opérer la mère de toute urgence.

La torsion de l'utérus alourdi par le volume des fœtus est également très rare et s'observe au cours du deuxième mois de grossesse. L'utérus peut même se retourner complètement. La chienne semble choquée et souffre terriblement, il faut l'opérer d'urgence car la mort surviendrait rapidement du fait de douleurs atroces.

Toujours au cours du deuxième mois, on peut craindre une chute du taux de sucre dans le sang (hypoglycémie). La chienne est très faible et entre peu à peu dans le coma. Seul un dosage du taux de sucre dans le sang permet d'établir le diagnostic.

L'hypocalcémie (baisse du taux de calcium dans le sang) survient en général lors de l'allaitement mais elle peut apparaître dans des cas exceptionnels, lors de la grossesse. C'est en faisant un dosage du taux de calcium dans le sang que l'on pourra établir le diagnostic.

Lorsque la chienne est minuscule, une petite hernie au niveau de l'ombilic peut s'observer. Elle ne présente aucun danger. Malgré tout, ne perdons pas de vue que ces cas restent extrêmement rares. La reproduction n'est le plus souvent absolument pas dangereuse pour une chienne.

Deux semaines avant la mise bas, vous pourrez voir les futurs chiots bouger. Vous placerez vos mains sur les flancs de la chienne allongée et vous contrôlerez tout le tapage que font ces petits pleins de vie. Personnellement, j'ai coutume d'emprunter un stéthoscope à mon médecin afin d'écouter les battements de leurs petits cœurs qui se distinguent fort bien de ceux de leur mère, les leurs étant plus rapides.

La parturition

Quelques jours avant la mise bas, votre chienne semble avoir maigri, en effet sur la fin de la grossesse ses flancs se creusent.

Préparez pour la future maman une caisse avec des linges propres qui lui serviront au moment de la naissance, disposez-la dans un endroit calme, faites-lui connaître cet endroit, elle s'y couchera et y fera « son nid ». Elle tournera en rond dans cette caisse et grattera le linge que vous y aurez placé. Vers le cinquante-huitième jour de gestation, j'ai l'habitude de couper les poils du ventre près des mamelles et autour de la vulve et de nettoyer ensuite chaque jour les mamelons avec du sérum physiologique et la vulve avec du mercryl laurylé à demi coupé d'eau minérale. Il est recommandé de faire une préparation à base de produits homéopathiques que vous prescrira votre vétérinaire, afin d'éviter toute nervosité à la chienne et de conférer une élasticité aux tissus.

A la fin du deuxième mois de gestation, l'écoulement au niveau de la vulve est plus abondant et plus beige, ne vous inquiétez pas, c'est le bouchon

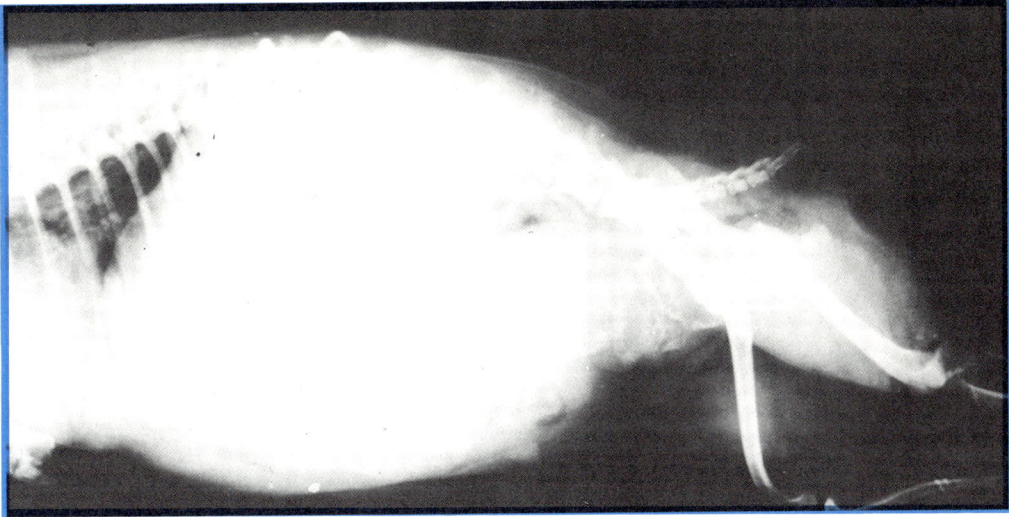

Fin de gestation : le chiot commence à sortir. **Photo : ENVA**

glaireux qui protège le col de l'utérus contre les microbes éventuels, cet écoulement annonce que la naissance des chiots est proche. Si vous souhaitez connaître le moment exact de la mise bas, contrôlez la température de votre chienne quatre jours avant la date prévue. Vous constaterez alors que la température oscille entre 37° et 37,8° puis subitement, du jour au lendemain, elle descend d'un degré. Ceci indique que la mise bas est imminente, au maximum dans les vingt-quatre heures. La chienne perd l'appétit et gratte son coussin avec beaucoup plus d'énergie, elle est haletante et reste volontiers couchée. Ce sont les premiers signes d'accouchement. Préparez des linges propres, des ciseaux, du fil dentaire, des serviettes et des gants de toilette, des compresses stérilisées et de la teinture d'iode pour cautériser les cordons que vous devrez peut-être couper. Le jour de la mise bas, la chienne s'installe, laissez-la tranquille mais demeurez près d'elle dès que le travail a commencé. Il peut aller très vite mais peut durer aussi vingt-quatre heures voire plus.

Lorsque les chiots sont bien descendus, que le premier est bien engagé, la chienne pousse, l'expulse, le nettoie, coupe le cordon et bien souvent le chiot tète déjà avant que la mère ait terminé tout ce travail. Parlez à votre chienne et restez toujours auprès d'elle, calmez-la, rassurez-la. Les chiots suivants peuvent naître entre dix minutes et une heure d'intervalle. Si vous constatez des efforts persistants sans naissance après plus de deux heures, appelez votre vétérinaire.

Chaque chiot possède son propre placenta relié à l'utérus.

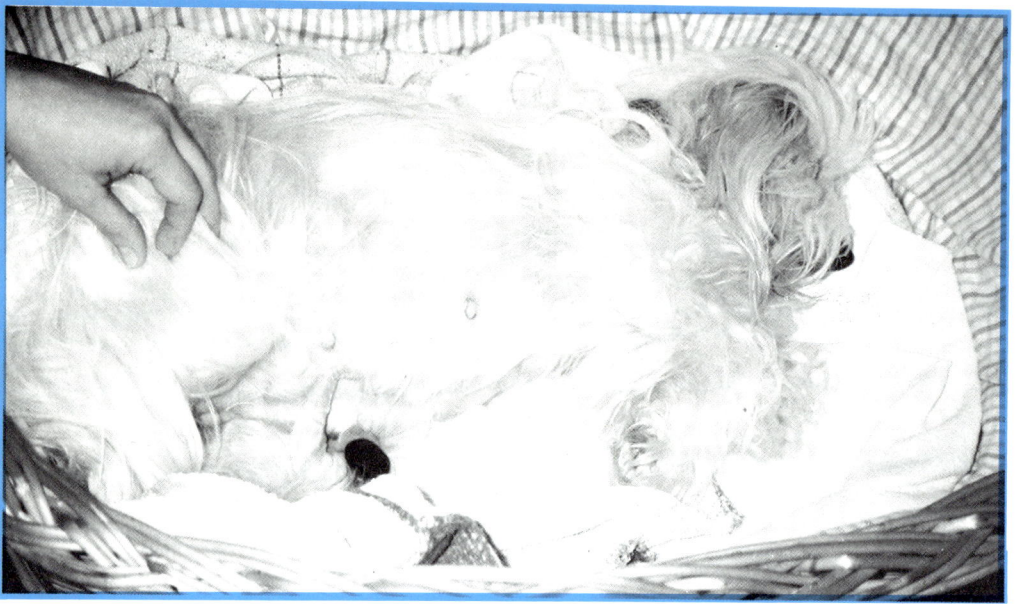

Le premier chiot né de Chloé (prod. : Mme Raymonde Catala, prop. : Mme Leclerc) et de Coffee the Valaury's Cottage vient de naître

Les jeunes Cotons sont très facilement expulsés. Si la mère est active elle les délivrera de la membrane qui les enveloppe et vous n'aurez à vous soucier de rien. Si au contraire la mère ne s'occupe pas du chiot expulsé, c'est vous qui devrez intervenir rapidement mais sans panique.

Le chiot se présente par la tête ou par les pattes arrière, il est enveloppé de sa poche fœtale lors de l'expulsion. Vous pouvez aider la mère si un chiot est un peu gros, lavez-vous les mains, puis tirez doucement sur le chiot en tournant légèrement au moment où la chienne pousse, en remontant de l'autre main la vulve vers le périnée.

Une fois le chiot dégagé, laissez la chienne continuer son travail toute seule. Certaines chiennes ne s'occu-pent pas de leurs bébés, il vous faudra alors ouvrir la poche en glissant le pouce sous le menton du chiot pour libérer la tête rapidement, le dégager de l'enveloppe fœtale, essuyer les sécrétions qui obstruent ses narines et l'empêchent de respirer. Au cas où le chiot ne peut pas prendre sa respiration, aspirez avec votre bouche protégée d'une compresse, les mucosités qui encombrent les narines et la gueule du chiot. Ligaturez avec du fil dentaire le cordon à 1 cm du ventre du chiot, juste après la bague blanchâtre du cordon et coupez à 3 cm, appliquez dessus un peu de teinture d'iode et laissez à l'air.

Après la mise bas, si la chienne a mangé plusieurs placentas, elle refusera toute nourriture pendant douze à

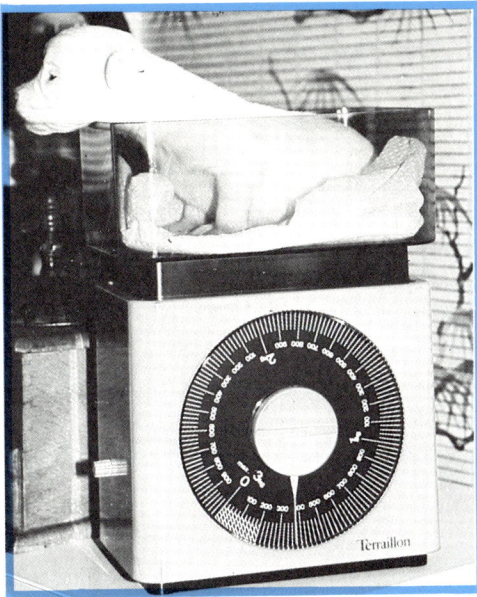

« ... pesez-les chaque jour... »

vingt-quatre heures, ne vous en inquiétez pas et laissez-lui simplement de l'eau à disposition. Dans ce cas, elle aura des selles molles, noires et nauséabondes.

Pendant toute la période de lactation, donnez à la maman du calcium et des vitamines en quantité raisonnable (demandez à votre vétérinaire de vous prescrire les doses), car la lactation fatigue beaucoup plus la lice que la gestation.

Après la parturition, laissez la mère s'occuper de ses petits, vous devez lui placer du linge propre et laver de suite le linge sale car il sentira très vite mauvais.

Vous pouvez également laver les pattes arrière et les babines de votre chienne souillées par la mise bas, enfin, laissez-la tranquillement savourer son bonheur. N'oubliez pas, dans les vingt-quatre heures qui suivent la mise bas, de vermifuger votre chienne afin que les chiots bénéficient de ce traitement par le biais du lait maternel.

Les chiots seront ensuite eux-mêmes vermifugés à dix jours, puis toutes les trois semaines jusqu'à l'âge de trois mois, puis tous les mois jusqu'à l'âge de six mois et ensuite comme les adultes.

La première semaine, surveillez que les chiots « poussent » bien, pesez-les chaque jour. Si un chiot prend peu de poids par rapport aux autres, guidez-le à une tétine, protégez celle-ci de votre main afin que les autres chiots ne lui enlèvent pas et donnez-lui des biberons de complément. La courbe de poids de chaque chiot peut être différente, l'important est qu'elle soit régulière dans son ascension pour chacun des chiots. Les chiots naissent les paupières closes ; elles s'ouvrent entre le dixième et le quinzième jour pour laisser apparaître de grands yeux marine.

La césarienne

Cette opération chirurgicale permet d'extraire le chiot de l'utérus maternel lorsque l'accouchement par les voies naturelles est impossible. Elle ne présente aucun risque en elle-même lorsqu'elle est entreprise à temps. Le maî-

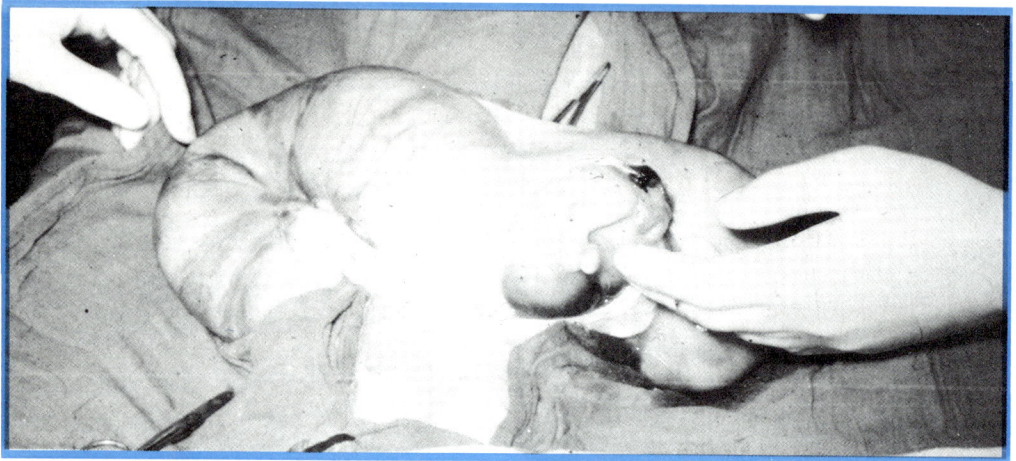

La césarienne. **Photo : ENVA**

tre doit donc savoir quand il doit avoir recours à un praticien.

La première règle est de prévenir votre vétérinaire de la date approximative de la naissance. Une césarienne doit pouvoir être pratiquée à toute heure du jour ou de la nuit.

Enfin, voici les signes qui précèdent une mise bas difficile :

— une gestation supérieure à soixante-sept jours (on peut faire déclencher l'accouchement par le vétérinaire) ;

— une température anormale (quelques jours avant la mise bas, la température oscille entre 36,8° et 38°, ce qui est tout à fait normal mais il ne faut pas qu'elle atteigne 39°) ;

— pertes vulvaires de couleurs verdâtres ou rouges (on peut espérer la venue au monde dans l'heure qui suit, si rien ne se passe il faut consulter votre vétérinaire) ;

— la chienne pousse désespérément pour expulser et rien ne se passe, consultez votre vétérinaire si une heure après la première poussée, vous n'apercevez toujours pas le chiot ; vous devriez le sentir en palpant légèrement entre l'anus et la vulve ;

— non-expulsion d'un chiot quatre heures après le précédent : vous ne devez pas injecter d'ocytocine à la chienne sans l'avis de votre vétérinaire. Si un chiot se trouvait en mauvaise position, vous risqueriez de faire éclater l'utérus.

Par contre, vous pouvez lui faire boire une ampoule de Wombril qui permettra de détacher le placenta de la paroi utérine favorisant ainsi la descente du chiot au moment des contractions.

Ne soyez pas inquiet après cette lecture, les Cotons de Tuléar ne font pas partie des races à risque de par leur morphologie et il est rare que l'on doive recourir à la césarienne pour une mise bas. Pourtant, il est nécessaire de bien connaître toutes ces possibilités.

La tétanie de lactation : crise d'éclampsie

Les crises d'éclampsie sont des crises convulsives (à ne pas confondre avec les crises d'épilepsie), survenant brutalement et pouvant entraîner un coma puis la mort de la chienne.

La crise de tétanie est provoquée par le stress et une nourriture mal appropriée ou mal équilibrée (apport en calcium insuffisant).

Les symptômes surviennent durant la lactation, souvent lorsque les chiots ont deux à trois semaines car ils consomment alors une très grande quantité de lait maternel.

C'est pour cette raison que je conseille d'allaiter les chiots au biberon deux ou trois fois par jour si la chienne a une portée importante, c'est-à-dire plus de trois chiots.

La crise est due à une baisse importante et brutale de calcium circulant dans le sang (hypocalcémie). Pendant la tétée, le calcium est libéré dans le sang pour être véhiculé vers les mamelles et distribué aux chiots dans le lait. Ce processus se fait sous l'action de certaines hormones.

Lorsque le mécanisme s'enraye, la lice exporte tout le calcium contenu dans son sang, puis celui contenu dans ses os, sans parvenir à en stocker pour elle, c'est alors la crise convulsive. C'est que son organisme ne sait pas utiliser le calcium disponible.

Les premiers symptômes s'observent par l'apparition de frissons parcourant tout le corps : la chienne est secouée de mouvements désordonnés, puis elle ne peut plus se tenir sur ses pattes, elle reste allongée, les membres secoués également par des tremblements. A ce stade, il faut conduire la chienne d'urgence chez le vétérinaire qui connaît bien ces symptômes, il fera une piqûre intraveineuse de calcium à votre animal qui sera debout dans le quart d'heure qui suit. L'administration de calcium par voie intraveineuse est souvent cause de vomissements immédiats, cette réaction n'est pas inquiétante.

Après une telle crise, il vous faudra absolument donner des biberons à vos chiots. Le vétérinaire vous conseillera même de couper le lait de la mère et de nourrir les chiots vous-même. Pour ma part, je n'ai jamais rencontré ce type de complications : les mères sont toujours pleines de lait qui engorge les mamelles, aussi je me contente de nourrir les chiots avant de les présenter à la mère pour la tétée et tout se passe admirablement bien.

Lorsque les mamelles sont dures et gorgées de lait que les chiots n'utilisent pas, appliquez dessus un gant de toilette imbibé d'eau chaude trois fois par jour, contrôlez la chaleur de cette compresse sur le dos de votre main. Vous constaterez que tout rentre dans

Chiots âgés de quinze jours. **Photo : Jacqueline Vasserot**

Chiots âgés d'un mois

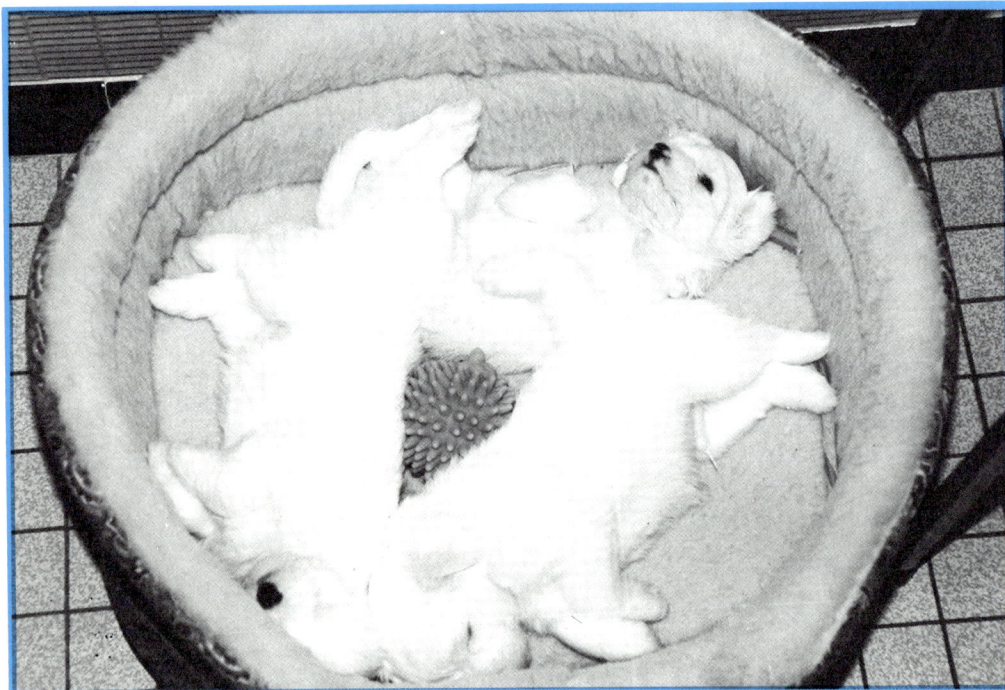

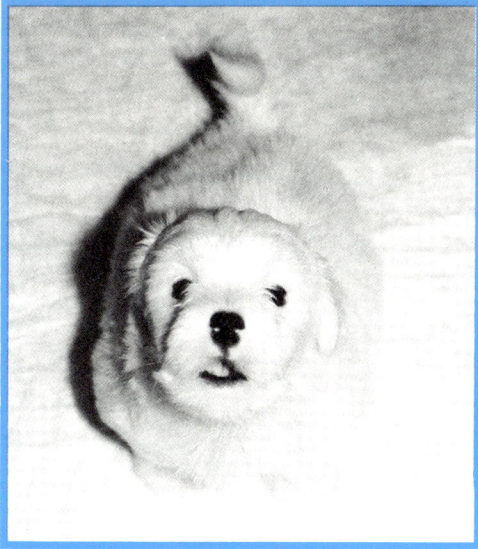

Eden à un mois. **Photo : Jacqueline Vasserot**

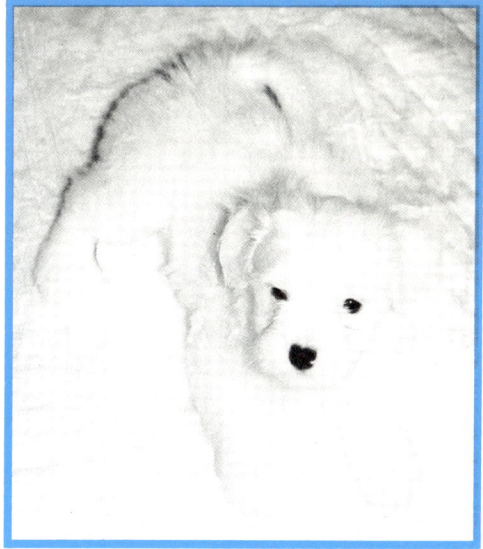

Eden à deux mois. **Photo : Jacqueline Vasserot**

l'ordre assez rapidement. Le lait non utilisé s'évacue dans les selles de la chienne.

Les maladies et accidents de naissance

Les chiots nouveau-nés sont incapables d'assurer la thermorégulation, c'est-à-dire maintenir à un niveau normal la température corporelle.

Les reins des nouveau-nés ne réabsorbent pas beaucoup d'eau, ce qui les rend très sensibles au phénomène de déshydratation. Mettez-les donc dans une pièce chauffée entre 22 et 24°, contenant un taux d'humidité suffisant. Placez un récipient d'eau sur le radiateur pour humidifier l'air. Attention aux lampes à infrarouge :

elles peuvent être dangereuses et elles déshydratent les chiots.

L'appareil respiratoire des bébés est encore incomplet à la naissance. De ce fait, les chiots sont fragiles au moment de la mise bas. Lors d'un accouchement difficile, ils s'asphyxient très rapidement.

On constate très peu de mortalité à la naissance. Par contre, le taux de mortalité vers l'âge de dix à quinze jours, bien qu'il soit faible, est plus inquiétant, d'où l'utilité de peser les chiots chaque jour pendant les deux premières semaines de leur vie.

Si l'un d'entre eux ne « pousse » pas, il faut s'en inquiéter, en parler à votre vétérinaire voire conduire le chiot à la consultation. Les maladies que peut contracter le très jeune chiot sont : la toxoplasmose, la maladie de Carré, la brucellose ainsi que l'infection à herpès (virus de la mère).

Les maladies infectieuses sont les plus dangereuses. Il est donc important que la mère soit consciencieusement vaccinée. Eloignez toutes les sources de contaminations en préparant un endroit pour la chienne et ses chiots, endroit où il est interdit d'entrer avec ses chaussures. Avant de toucher à votre portée, lavez-vous les mains au savon de Marseille et éviter les contacts avec des chiens venant de l'extérieur. Toutefois, il faut savoir que les infections bactériennes du chiot ont le plus souvent une origine maternelle.

L'interruption de la gestation

Cette intervention sera pratiquée par votre vétérinaire qui choisira le moment opportun pour administrer les hormones. Mais attention, un avortement ainsi déclenché peut provoquer une métrite, infection de l'utérus et des cornes de l'utérus due à la délivrance imparfaite des fœtus et des placentas. Dans ce cas, il faudra pratiquer une ablation de l'utérus et des cornes. La chienne deviendra donc stérile. En pratiquant une interruption de grossesse, vous pouvez mettre en danger la vie de votre chienne. Laissez-la donc mettre bas normalement même si elle met au monde des petits bâtards.

La prévention des chaleurs

Votre vétérinaire peut prévenir l'apparition des chaleurs par l'injection d'un progestatif au cours du mois précédent celles-ci (quinze à vingt et un jours avant).

Portée de Dayane de la Ferme de Bannay et de Cypion à six semaines

Pour une suppression permanente, il faut renouveler l'injection tous les six mois. Mais cette pratique déséquilibre le cycle hormonal et entraîne des troubles. Aussi, il est préférable de faire stériliser la chienne si l'on ne désire pas avoir de chiots.

La castration

Pour la femelle, on a recourt à l'ovariectomie qui est une opération consistant à supprimer les ovaires par une petite ouverture sur le ventre d'environ 4 cm et qui est très vite oubliée.

Pour le mâle, la castration est une petite intervention chirurgicale très efficace si l'on désire le stériliser définitivement. Cette intervention consiste à enlever les deux testicules.

Un autre procédé de stérilisation du mâle consiste à sectionner le canal déférant (conduit de la semence), cette petite intervention ne diminuera pas votre mâle car celui-ci conservera ses testicules.

Mâle ou femelle : que choisir ?

Le caractère est identique chez le mâle et la femelle. Cependant, il faut s'assurer du caractère des parents car, lors de consanguinité pratiquée sur plus de cinq générations, des caractères différents de celui décrit précédemment sont apparus... Je me limiterai donc au cas d'un élevage étudié.

Il faut savoir que les femelles sont très maternelles, qu'il n'est pas impossible que votre chienne vous fasse sentir son besoin d'être mère en faisant par exemple une grossesse nerveuse.

Dans ce cas, vous lui ferez faire une portée, vous serez tranquille et votre compagne sera heureuse.

Les chiennes ont leurs chasses tous les six mois ou neuf mois selon le cycle de chacune, très différent d'une femelle à une autre. Les premières chasses peuvent se manifester entre l'âge de six à quatorze mois.

Pendant cette période, il sera prudent de garder votre femelle éloignée des mâles surtout entre le huitième et le quatorzième jour des chasses, vous risqueriez, si vous la promeniez en laisse, de vous retrouver avec tous les mâles du quartier derrière vous et votre chienne. Pour éviter cela, je vous conseille de la laisser à la maison pendant cette période, ou bien de la prendre dans vos bras lors de vos sorties, bien que ceci n'empêchera pas les mâles de venir vers vous et de vous suivre.

Les mâles, eux bien sûr, ne connaissent pas ces petits tracas, mais ils ont d'autres inconvénients. Votre mâle aura tendance à lever la patte sur les meubles lorsque vous rendrez visite à des amis ayant une chienne. Aussi vous devrez l'éduquer.

Voici quelques conseils : lorsque vous arriverez chez vos amis, gardez votre Coton dans vos bras un instant, puis posez-le au sol, surveillez-le, dès qu'il s'apprête à lever la patte, dites

Pose nonchalante de Diva Cartoonland's. Prop. : Mᵐᵉ Damman

« non » d'un ton autoritaire en le déplaçant du lieu prédestiné. Cependant, il n'est pas obligatoire que votre mâle lève la patte sur les meubles de vos amis. De même qu'il n'est pas certain que votre chienne fasse une grossesse nerveuse. Mais il est préférable d'être au courant de tous ces tracas éventuels avant de choisir votre chiot. Et sachez que tout ceci n'est pas spécifique aux Cotons. Les chiots sont disponibles à deux mois, ils sont tatoués et vaccinés et c'est pour cette race l'âge d'adaptation idéal.

Ils sont vendus avec un certificat de vente mentionnant les lois et garanties légales. Bien sûr, l'éleveur vous remettra le carnet de santé et la carte de tatouage de votre nouvel ami, le certificat de naissance vous sera également remis par le vendeur mais, si la Société centrale canine ne lui a pas encore transmis, il vous le fera parvenir dès réception en recommandé. Vous pourrez aussi le retirer chez l'éleveur qui sera toujours ravi de voir le chiot grandir.

Je vous ai donné quelques conseils pour vous aider à choisir votre compagnon, maintenant voyons ensemble où acheter votre Coton. Evitez d'a-

Demande de documentation

Editions **DE VECCHI**

20, rue de la Trémoille

75008 - PARIS

Vous venez d'acquérir un ouvrage des Editions DE VECCHI, nous espérons que son contenu vous donnera satisfaction.

Vous souhaitez recevoir notre catalogue et être tenu au courant de nos **publications**. Il vous suffit de compléter cette carte et nous la retourner.

Nous nous ferons un plaisir de vous envoyer régulièrement la **documentation sur nos nouveautés**, que vous pourrez alors vous procurer chez votre **libraire habituel**.

Prière d'inscrire en lettre d'imprimerie :

M. ....

N° .... Rue ....

Code Postal .... Ville ....

- **Je m'intéresse plus particulièrement aux sujets suivants :**

1 ☐ Esotérisme-Parapsychologie   4 ☐ Animaux-Elevage   7 ☐ Vie pratique
2 ☐ Vie Professionnelle   5 ☐ Loisirs et jeux   8 ☐ Cuisine
3 ☐ Santé   6 ☐ Psychologie-Tests   9 ☐ Sport
0 ☐ Autres ....

- **Je viens d'acheter l'ouvrage suivant (indiquer le titre) :**

....

Pose standard improvisée pour Grélie-Jolie. Prop. : Mme Anne Delien

cheter votre futur compagnon dans une animalerie, à la sauvette dans le coffre d'une voiture ou par correspondance et expédition.

Vous avez compris que les très grands élevages ne pouvaient vous garantir l'hygiène parfaite et que bien souvent le chiot que vous osez y acheter était rempli de vers au point d'en faire un coma ou bien qu'il avait une dermatose qui demandait des soins immédiats, ou encore la gale des oreilles au point d'avoir une plaie. Tout ceci n'est pas sérieux, le manque de soins est peut-être dû au manque de personnel...

Toutefois, les chenils de production pourront offrir des sujets bien portants et sains s'ils œuvrent avec compétence et sérieux, mais fussent-ils les meilleurs, leurs produits seront amoindris dans leur personnalité comme les fromages ou les poulets industriels. Un chiot s'élève comme un enfant avec des mots, des gestes et de la tendresse. Ces propos n'engagent que moi.

Adressez-vous à la Société centrale canine ou au Club qui vous donnera la liste des éleveurs qui ont des naissances.

Vous trouverez aussi dans des revues distribuées gratuitement des petites

Un amour de peluche : chiot né de Cypion (à Mme Raymonde Catala) et de Cléopâtre (à Mme Muriel Manet)

annonces de faux particuliers qui importent clandestinement des chiots pour les revendre. Ils se font passer pour des producteurs. Dans ce cas, il ne vous reste plus qu'à exiger de voir le père et la mère, ce n'est pas toujours facile, car parfois, le producteur, qui détient des femelles qu'il fait couvrir auprès d'un étalon ne lui appartenant pas, ne pourra vous faire voir le père mais il saura tout de même vous donner le nom de celui-ci et vous indiquera le lieu où vous pourrez le voir.

Si vous décidez d'acheter votre chiot chez un éleveur sérieux ou un éleveur amateur où le chiot est élevé en milieu familial, vous serez assuré du suivi de votre Coton. En effet, l'éleveur aime savoir ce que devient par la suite son chiot et sera toujours disponible pour parler avec vous de votre compagnon. L'élevage en milieu familial vous donnera des chiots très éveillés et équilibrés qui sauront grimper les escaliers et n'auront pas peur des bruits tels que celui de l'aspirateur.

Ne vous emballez pas, choisissez avec beaucoup de sérieux votre futur compagnon. Il doit être gai, vif, et avoir l'œil malicieux. Aussi, est-il préférable de le choisir sur place afin d'avoir pour lui le petit coup de cœur, en fait c'est souvent le chiot qui vous choisit et vous qui craquez pour cette attirance. Ne soyez pas surpris si l'éleveur ne vous laisse pas caresser les chiots non vaccinés, c'est dangereux pour la portée.

Vous avez choisi un chiot, vous viendrez le voir aussi souvent que vous le voudrez, jusqu'au jour où vous pourrez le prendre dans vos bras et l'emporter, il sera alors vacciné et tatoué.

Règlement international d'élevage de la Fédération canine internationale

PRÉAMBULE

1. - Les droits et obligations réciproques des propriétaires ou des possesseurs d'étalons et de lices sont déter-

Chiffon à deux ans sur fond bleu…

minés par le droit national et les règlements pris par les associations cynologiques nationales, ainsi que par les conventions particulières.

Dans le cas où de telles dispositions n'existeraient pas, c'est le règlement international d'élevage de la FCI qui est applicable. Il est recommandé, de façon pressante, aux éleveurs, propriétaires ou possesseurs d'étalons, de déterminer par écrit les conditions dans lesquelles se fera la saillie, afin de créer une situation claire en ce qui concerne les obligations financières. Le règlement d'élevage de la FCI doit être applicable pour tous les cas qui ne sont pas réglés par le droit ou les règlements d'élevage nationaux.

TRANSPORT ET FRAIS D'ENTRETIEN DE LA LICE

2. - Il est recommandé aux propriétaires de lices d'amener la chienne à saillir auprès du mâle soit personnellement soit par une tierce personne. Dans le cas où une chienne demeurerait plusieurs jours chez le possesseur de l'étalon, tous les frais en résultant tels que l'alimentation, l'hébergement, les soins vétérinaires éventuels, ainsi que les dommages que la chienne viendrait à provoquer à l'installation d'élevage ou à l'habitation du possesseur de l'étalon, sont à la charge du propriétaire de la chienne. Le transport de retour de la chienne s'effectue aux frais de son propriétaire.

RESPONSABILITÉ

3. - En conformité avec les dispositions légales ayant cours dans différents pays, est responsable des dommages pouvant être causés par l'animal la personne qui, au moment du dommage, assure l'hébergement et les soins de l'animal.

Dans le cas où la chienne demeure un ou plusieurs jours sous la surveillance du possesseur de l'étalon, ce dernier est considéré, de par la loi, comme la personne assumant la garde de l'animal et de ce fait, est responsable des dommages que la chienne pourrait occasionner à des tierces personnes.

Le possesseur de l'étalon (personne assumant la garde) doit tenir compte de ce qui précède, lors de la conclusion d'un contrat d'assurance personnelle en responsabilité civile.

DÉCÈS DE LA CHIENNE

4. - Dans le cas où la chienne viendrait à décéder pendant son séjour chez le possesseur de l'étalon, ce dernier s'oblige à ses frais à faire constater le décès et sa cause par un médecin-vétérinaire. Il informe de la manière la plus rapide possible le propriétaire de la chienne du décès et la cause.

Dans le cas où le propriétaire désirerait voir la chienne décédée, il ne peut s'y refuser.

Dans le cas où le décès serait occasionné par la faute du possesseur de l'étalon, ce dernier est tenu à prestation de dommages et intérêts envers le propriétaire de la chienne.

Dans le cas où aucune faute ne peut lui être reprochée, il appartient au propriétaire de la chienne, de rembourser au possesseur de l'étalon, tous les frais en corrélation avec le décès de la chienne.

CHOIX DE L'ÉTALON

5. - Le possesseur de l'étalon s'oblige à ne faire saillir la lice que par l'étalon prévu à l'exclusion de tout autre.

Dans le cas où l'étalon ne procéderait pas à la saillie, la lice ne peut être mise en rapport avec un autre étalon qu'avec l'accord du propriétaire.

De toute façon, il est interdit de laisser saillir une lice par deux ou plusieurs étalons pendant ses mêmes chaleurs.

SAILLIE ERRONÉE

6. - Dans le cas où il y aurait accidentellement, mais non intentionnellement, une saillie par un étalon autre que celui convenu, le possesseur de l'étalon qui a pris la lice sous sa garde est obligé de rembourser au propriétaire de la lice tous les frais occasionnés par cette saillie erronée.

Après une saillie non intentionnelle par un étalon autre que celui prévu, il est interdit de procéder à une nouvelle

Chiffon à un an et demi. Prop. : Mlle Jacqueline Vasserot

saillie avec l'étalon qui avait été prévu à cet effet. Le propriétaire de l'étalon ne peut en aucun cas, pour une telle saillie, prétendre imposer des obligations financières à l'encontre du propriétaire de la lice.

ATTESTATION DE SAILLIE

7. - Le propriétaire de l'étalon certifie par la rédaction d'une attestation de l'exécution correcte de la saillie. Il confirme en apposant sa signature sur le document qu'il a été témoin oculaire de la saillie.

Pour le cas où les services, tenant le Livre des origines d'un pays où la portée doit être enregistrée, prévoient certains formulaires spéciaux, il appartient au propriétaire de la lice de se les procurer, de les remplir correctement et de les présenter à la signature du possesseur de l'étalon.

Cette attestation de saillie doit contenir obligatoirement les renseignements suivants :

— nom et numéro d'inscription au Livre des origines de l'étalon ;
— nom et numéro d'inscription au Livre des origines de la lice ;
— nom et adresse du possesseur de l'étalon ;
— nom et adresse du propriétaire de la lice au moment de la saillie, éventuellement la date d'acquisition de la lice ;
— lieu et date de la saillie ;

Une portée de Cocoune de la Fosse aux Renards gambadant chez Mme Raymonde Catala

Air malicieux de Funny de la Ferme de Bannay. Prod. : Mme Raymonde Catala. Prop. : M. et Mme Béard

— signature du possesseur de l'étalon et du propriétaire de la chienne ;
— dans le cas où les services tenant le Livre des origines exigent pour l'inscription des chiots une photocopie certifiée conforme ou un extrait certifié conforme du pedigree, il appartient au possesseur de l'étalon de remettre à titre gratuit ces documents à la disposition du propriétaire de la lice.

DÉDOMMAGEMENT POUR LA SAILLIE

8. - Il est recommandé au possesseur de l'étalon de ne signer l'attestation de saillie qu'après paiement du prix préalablement fixé pour la saillie.

Une rétention de la lice en tant que gage n'est toutefois pas permise.

9. - Si l'étalon dont il a été convenu ne procède pas à la saillie pour quelque raison que ce soit ou parce que la lice ne se laisse pas saillir faisant que la saillie n'a pas été effectivement exécutée, le possesseur de l'étalon n'en garde pas moins le droit aux dédommagements prévus à l'article 2, mais ne peut prétendre au prix convenu pour la saillie.

10. - Pour ce qui concerne la descendance de l'étalon, le possesseur de l'étalon n'a pas le droit, vis-à-vis du propriétaire de la lice, à des dédommagements autres que ceux prévus pour la saillie. Il n'a aucun droit de se faire remettre un chiot sauf si le propriétaire de l'étalon désire en garder un pour son élevage à condition de ne pas le vendre. Lorsque les parties se sont mises d'accord pour la remise d'un chiot en tant qu'indemnité pour la saillie, cet accord doit alors être formulé par écrit et avant la saillie. Dans un tel accord, les points suivants doivent être précisés et respectés :
— le moment du choix du chiot par le propriétaire de l'étalon ;
— le moment de la remise du chiot au possesseur de l'étalon ;
— le moment à partir duquel le droit au choix par le possesseur de l'étalon est irrévocablement prescrit ;
— le moment à partir duquel le droit de prise est irrévocablement prescrit ;

Trois générations de Cotons. De gauche à droite : Nick-Nack, le père, Olympe of Blue Moon Cottage, la fille, et Kingy of Woodland Cottage, le grand-père. Prop. : Mme Anne Delien

— le règlement des frais de transport ;
— les accords spéciaux pour le cas où la lice ne met bas que des chiots mort-nés ou qu'un seul chiot vivant et pour le cas où le chiot choisi viendrait à décéder avant la remise.

LA LICE DEMEURE VIDE

11. - Après une saillie exécutée correctement, on considère que l'étalon a satisfait à ses obligations et que, dès lors, les conditions pour avoir droit au dédommagement convenu sont remplies.

Elles ne constituent pas une garantie quant au fait que la lice soit pleine. Il est laissé à l'appréciation du propriétaire de l'étalon, lorsque la lice demeure vide soit d'accorder à une prochaine chaleur de cette dernière une nouvelle saillie à titre gratuit, soit de rembourser une partie de l'indemnité obtenue pour la saillie. Un tel accord doit être fixé par écrit avant la saillie dans le contrat de saillie.

Le droit convenu à une saillie gratuite s'éteint toutefois, en principe, au décès de l'étalon ou lors du changement de possesseur de ce dernier ou avec le décès de la lice.

INSÉMINATION ARTIFICIELLE

12. - En cas d'insémination artificielle de la lice, le docteur-vétérinaire qui a recueilli le sperme de l'étalon doit cer-

tifier, à l'aide d'une attestation à remettre au service tenant le Livre des origines où les chiots doivent être enregistrés, que le sperme émane bien de l'étalon dont il a été convenu. Par ailleurs, les attestations prévues à l'article 7 doivent être mises à la disposition du propriétaire de la lice par le possesseur de l'étalon et à titre gratuit.

Tous les frais encourus pour recueillir le sperme sont à la charge du propriétaire de la lice. Les frais relatifs à l'insémination sont également à la charge du propriétaire de la lice.

Le docteur-vétérinaire qui procède à l'insémination de la lice doit confirmer, auprès des services tenant le Livre des origines, que la lice a bien été inséminée à l'aide du sperme provenant de l'étalon prévu pour la saillie.

Dans cette attestation, il convient de toujours faire figurer également le lieu et la date de l'insémination, le nom et le numéro d'inscription au Livre des origines de la lice, ainsi que le nom et l'adresse du propriétaire de la lice.

Le propriétaire de l'étalon fournissant le sperme doit délivrer au propriétaire de la lice, en plus de l'attestation fournie par le docteur-vétérinaire, une attestation officielle de saillie.

CESSION DU DROIT D'ÉLEVAGE

13. - On considère, de manière générale, que le propriétaire de la lice, au moment de la saillie, est l'éleveur de la portée.

Le droit à l'utilisation de la portée d'une lice ou d'un étalon peut toutefois être transféré, par accord contractuel, à une tierce personne. Un tel transfert doit, dans tous les cas, être attesté par écrit avant la saillie projetée.

Une telle cession du droit d'élevage constatée par écrit doit être déclarée à temps au service compétent du Livre des origines, et éventuellement à l'association d'élevage compétente pour cette race. Cette cession doit également être jointe à la déclaration de la portée.

Il convient de décrire très exactement dans la cession du droit d'élevage, les droits et les obligations des deux parties contractantes.

La tierce personne qui prend temporairement le droit d'élevage d'une lice est considérée comme la propriétaire de celle-ci, au sens du présent règlement, pour une période allant de la saillie jusqu'au moment du sevrage des chiots.

INSCRIPTION DES CHIOTS AU LIVRE DES ORIGINES

14. - Sauf dispositions contraires, on considère que le nouveau propriétaire, lors d'une vente d'une chienne pleine, est automatiquement l'éleveur de la portée à venir.

Les chiots sont inscrits au Livre des origines du pays dans lequel le pro-

Déesse, sœur de Bout'chou. Prop. : M. et Mme Brocard

priétaire de la lice a sa résidence habituelle et portent son affixe.

15. - Les chiots sont inscrits, en principe, au Livre des origines du pays où le propriétaire de la lice a sa résidence habituelle. En cas de contestation, il doit obligatoirement produire une attestation de l'autorité tenant le registre des domiciles (résidences habituelles). Des exceptions sont tolérées pour des éleveurs de chiens de race vivant dans un pays ne tenant aucun Livre d'élevage reconnu par la Fédération cynologique internationale.

Il est laissé à l'appréciation de ce dernier de procéder à l'inscription des chiots dans un Livre d'élevage reconnu.

RÈGLEMENTS D'ÉLEVAGE DES PAYS MEMBRES

16. - Les règlements d'élevage des pays membres ne peuvent contenir des dispositions qui seraient en contradiction avec le présent règlement d'élevage de la FCI.

DISPOSITIONS FINALES

17. - Ce règlement remplace la « coutume internationale d'élevage de Monaco » de l'année 1934.

En cas de divergence d'interprétation, le texte allemand est déterminant. Adopté à l'assemblée générale de la FCI des 11 et 12 juin 1979 à Berne (Suisse).

L'alimentation

Une alimentation bien équilibrée est indispensable à la bonne forme du Coton de Tuléar et à la beauté de son pelage. Elle doit répondre aux besoins spécifiques de chaque période de sa vie, fournissant à l'organisme les calories dont il a besoin, les substances plastiques contribuant en outre à sa construction.

Les éléments nutritifs

LES GLUCIDES

Ils sont purement énergétiques et se divisent en deux groupes.

Les sucres simples contiennent plus de vitamines et de matières minérales : fruit, miel (fructose et glucose) ; lait (lactose) ; ils sont directement assimilables par le tube digestif sans transformation préalable.

Les sucres composés sont présents dans les céréales. Ils doivent être transformés par les sucs digestifs pour être assimilés. Ils ne demandent qu'un travail digestif infime et sont assimilés très rapidement. Ces glucides combustibles sont les mieux adaptés au travail musculaire, ils fournissent 4 cal/g.

LES LIPIDES

Ils sont essentiellement énergétiques. Ils sont les constituants essentiels des corps gras, ils libèrent beaucoup de chaleur. Certaines graisses animales, comme le beurre, contiennent des vitamines A et D, la plupart des huiles végétales renferment des acides gras dont certains (appelés gras essentiels) sont indispensables à l'organisme. De par leur composition chimique, les acides gras se distinguent en acides gras saturés et insaturés qui ont des rôles physiologiques différents.

LES PROTIDES

Ils sont énergiques et plastiques. Ils participent à l'élaboration des tissus musculaires, nerveux, osseux et cartilagineux. Le sang, l'urine, les sécrétions digestives, les anticorps, les hormones ont une base protéique. Ils sont nécessaires à l'édification et à l'entretien du corps. Les protéines ont une valeur métabolique différente selon les acides aminés qu'elles contiennent. Viande, poisson, œuf viennent en tête. Les protéines végétales ne peuvent pas apporter en quantités suffisantes tous les acides aminés fondamentaux.

LES SELS MINÉRAUX

Constituants essentiels de tous les tissus de l'organisme et, notamment, du squelette et des dents, ils sont présents dans les enzymes et les hormones. Plus clairement et plus pratiquement, vous les trouverez dans le lait, le fromage, les végétaux frais. Leur carence peut causer des dysfonctions organiques plus ou moins graves. Cependant, une consommation excessive de certains sels minéraux peut entraîner des intoxications parfois létales.
Parmi les sels minéraux, deux groupes sont à distinguer :
— les éléments inorganiques qui doivent être présents en grande quantité, comme le calcium, le phosphore, le magnésium, le potassium, le sodium et le chlore ;
— les éléments qui ne doivent se trouver dans l'organisme qu'à l'état de traces : les oligo-éléments.

LES OLIGO-ÉLÉMENTS

L'alimentation comporte également des métaux retenus en quantités infinitésimales mais indispensables à la vie soit qu'ils se trouvent incorporés dans une molécule d'enzyme, soit qu'ils participent à l'établissement de liaisons qui rendent certaines protéines actives (rôle proche des vitamines). Les principaux oligo-éléments sont le zinc, le chrome, le lithium, le manganèse, le fer, le cuivre.

LES VITAMINES

Elles sont les substances indispensables à l'organisme en quantité infinitésimale. Les vitamines ne fournissent pas d'énergie et ne sont pas utilisées comme éléments plastiques, mais elles interviennent de façon directe ou indirecte dans de nombreux processus essentiels à la vie du chien. Un régime carencé en vitamines (de même qu'une surconsommation) peut provoquer de graves déséquilibres.
Elles sont en général produites par les organismes végétaux, certaines seulement étant synthétisées par les animaux. C'est une des raisons pour lesquelles les chiens apprécient les tripes et les fèces des ruminants et des herbivores.
Les aliments pour chiens contiennent des vitamines mais en très faible quantité. Il est donc nécessaire d'intégrer à leur régime un apport de vitamines complémentaire, surtout chez les animaux en pleine croissance.
Fragiles, elles résistent peu à la chaleur, à la lumière, à la dessiccation et à l'oxydation. Lorsque vous ajoutez des vitamines à la pâtée de votre

chien, veillez à ne pas les mettre dans la nourriture chaude. Faites également attention à la composition des aliments que vous utilisez (lisez les indications sur la boîte), car ils sont souvent additionnés de vitamines.

Les *vitamines du groupe B* sont présentes dans la viande, le poisson, le beurre, l'œuf, le lait, le fromage, la levure de bière, les graines germées. Elles agissent sur l'équilibre nerveux, musculaire, facilitent l'assimilation des glucides, favorisent la croissance, elles sont anti-anémiques.

Les *vitamines du groupe C* — acide ascorbique — sont présentes dans les végétaux frais, les agrumes, le foie, la salade, le persil. La vitamine C augmente la résistance aux infections et à la fatigue, elle agit dans l'ossification et joue un rôle important dans le métabolisme des glucides, des acides aminés et le fonctionnement des glandes endocrines.

Les *vitamines du groupe A* sont présentes dans le jaune d'œuf, les carottes, la salade, les épinards, le foie, le lait, le beurre, l'huile de poisson. Elles favorisent la croissance des organes, protègent l'équilibre de la vision, combattent les affections cutanées.

Les *vitamines du groupe D* sont présentes dans le lait, le beurre, l'huile végétale, le jaune d'œuf, le foie, le poisson. Elles sont antirachitiques et jouent un rôle efficace dans l'absorption intestinale du calcium.

Les *vitamines du groupe E* sont présentes dans le beurre, le germe de céréales, le soja, le blé, l'œuf. Vitamines de la gestation, elles ont par ailleurs une action synergique sur la vitamine A qu'elle protège de l'oxydation.

Les *vitamines du groupe K* sont présentes dans les épinards, l'huile de soja, le foie, les fruits. Elles jouent un rôle important sur la coagulation du sang.

L'alimentation traditionnelle

LES INTERDITS ET LES CONSEILS

Tous les os à ingérer sont à proscrire, seuls sont permis les os à ronger. Les sucreries, les gâteaux, les légumes secs, le pain et les graisses cuites sont à interdire.
Le Coton préfère les petits plats composés de légumes frais, de viandes fraîches et de céréales cuites. Sachez que cette nourriture n'est pas aussi bien équilibrée que les nourritures préparées par les spécialistes de l'alimentation canine. Aussi pensez à rajouter des compléments minéraux que vous prescrira votre vétérinaire. C'est à l'âge de quatre mois que le Coton se transformera le plus et qu'il en aura vraiment besoin.
Si vous souhaitez faire reproduire votre chienne tout en continuant à la présenter en exposition, il y aura lieu

Une bonne alimentation pour un chien énergique : Edelweiss de la Marnière-en-Brie. Prod. : Mme Janine Couderc, prop. : Mme Raymonde Catala

	Chiot de 2 mois	*Chiens*
Viande crue de bœuf, de veau ou de cheval	50 g	80 à 100 g
Volaille ou porc cuit		
1 jaune d'œuf	1 fois par semaine	1 fois par semaine
Poisson cuit ou foie de génisse		
Légumes excepté les farineux	50 g	80 g
Fruits excepté la banane		
Céréales en flocons	50 g	80 g
Riz ou pâtes bien cuits, semoule		
Fromages excepté les pâtes fermentées	50 g	80 g
Yaourt ou fromage blanc (s'ils sont bien digérés)		

Sur le repas préparé, ajoutez une cuillère à café d'huile de maïs ou de tournesol pressée à froid et de la levure diététique.

de bien équilibrer son alimentation pendant toute la période de gestation et de lactation afin de lui préserver sa belle fourrure.

Durant les trois premières semaines de gestation, le besoin en protéines augmente, il faut donc enrichir la ration de viande.

Pour une préparation de 240 g, les proportions changeront : 120 g de viande, 60 g de légumes, 60 g de céréales. Vous ajouterez huile et compléments minéraux vitaminés (pas trop de calcium).

A partir de la quatrième semaine, respectez les mêmes proportions et augmentez la quantité.

Pendant toute la lactation, les quantités journalières sont plus importantes et la proportion en protéines augmente. Par exemple, un repas journalier de 400 g se composera de 240 g de viande, 60 g de légumes, 60 g de céréales, 40 g de matières grasses, compléments minéraux, vitamines et calcium.

Vous trouverez chez votre vétérinaire une gamme complète et adaptée pour les mères.

Les aliments secs

Ce sont des aliments d'un emploi facile, ils ne s'altèrent pas à l'air, ils ne salissent pas la mangeoire ni les beaux poils blancs de votre Coton : c'est l'aliment sans problème. Il faut laisser à votre compagnon de l'eau disponible en permanence. Ils contiennent des matières protéiques, des matières grasses, des compléments minéraux, des vitamines et des oligo-éléments.

Ils se composent de viandes déshydratées, de riz, de maïs et de soja (souvent en trop grande quantité). En fonction de la fabrication, le dosage de ses ingrédients diffère légèrement pour s'adapter à telle ou telle race.

La gamme est très étendue. Ces produits doivent être utilisés rapidement après ouverture des paquets. Ils ont des dates limites de conservation.

Les aliments en conserve

Ce sont des aliments humides qui se composent de 25 % de matières sèches. Extrêmement appétissants, ils ne posent aucun problème de digestion mais les selles sont souvent plus molles. Ces produits contiennent des matières protéiques, des matières grasses et minérales, de la cellulose et de l'humidité. Ils se composent de viandes (souvent de sous-produits animaux), de céréales, de substances minérales et de vitamines mais également de conservateurs. Ils ont des dates de conservation.

Les aliments composés

Les aliments composés sont destinés à compléter d'autres aliments. Il existe deux sortes d'aliments :

— les complémentaires de la viande (flocons de céréales) ;
— les complémentaires à base de viande à mélanger dans des céréales ou légumes.

Donnez ces repas à des heures régulières.

L'alimentation du chiot nourri par la lice

Dès sa naissance et parfois même avant d'être débarrassé de son placenta, le chiot tète sa mère, fouillant de son museau le ventre de celle-ci pour trouver une tétine. C'est un réflexe de vie. Il prend le mamelon dans sa gueule et avec ses pattes avant, il appuie autour de la mamelle pour en faire sortir le lait avec des gestes simultanés.

Les premières sécrétions lactées, le colostrum, fournissent aux chiots tous les anticorps de leur mère et les aident à se débarrasser du méconium (excrément résultant de la nourriture absorbée par le nouveau-né avant sa naissance).

A la naissance, le chiot pèse entre 160 et 220 g. En principe, les chiots d'une même portée font à peu près tous le même poids à 10 g près.

Dayane de la Ferme de Bannay et sa portée

Je rappelle ici quelques principes vus dans le chapitre précédent. Si on trouve une grande différence de poids sur les chiots d'une même portée, on s'assurera en les pesant tous les jours que chacun d'eux prend du poids. Il n'est pas nécessaire qu'ils prennent tous le même poids du moment que la courbe de poids de chacun des chiots est régulière. Si la portée est importante, au-dessus de quatre chiots, il faudra donner des biberons, commencer à nourrir les chiots dès l'âge de quinze jours ; un repas très fluide sera donné à la petite cuillère ou à la seringue pendant deux à trois jours, puis selon l'appétit des chiots, vous passerez à deux repas fluides par jour. Tout ceci vient en complément de la lactation maternelle et évite à la chienne de se dévitaliser.

Si la portée est de cinq à sept chiots, ils demanderont avec plaisir votre repas. Par contre, si la portée est de deux à trois chiots, vous aurez des difficultés à leur apporter une autre nourriture que le lait maternel dont ils seront gavés. Ils préféreront bien sûr la tétée.

Quoi qu'il en soit, à trois semaines les chiots doivent manger tout seuls et parfois il faut les y aider en séparant la mère des petits quelques heures avant de leur donner leur nourriture.

En général, ils partagent la gamelle de leur mère en signe d'imitation. Le sevrage se fait ainsi, en douceur jusqu'à ce que les chiots aient atteint six semaines, au-delà, la mère les refuse et leur grogne dessus en signe de désapprobation.

Les chiots prennent 20 à 50 g de poids par jour pendant les deux premières semaines. Ils ont doublé leur poids de naissance à dix jours. A partir de deux mois, la croissance est moins rapide. Le Coton de Tuléar atteint sa taille adulte à l'âge de six mois. Seuls, le poil et la pigmentation s'améliorent encore jusqu'à l'âge de deux ans.

L'alimentation du chiot abandonné

Si votre chiot n'a pas bénéficié du colostrum maternel, votre vétérinaire lui injectera les anticorps qui lui apporteront une protection contre les maladies infectieuses.

A deux jours, un chiot absorbe une quantité de lait égale à un cinquième de son poids de naissance. Cette quantité ira en augmentant pour atteindre la moitié de son poids de naissance lors de la troisième semaine, période de sevrage.

A la naissance, le chiot recevra 40 g de lait par jour. Au fur et à mesure que le chiot prendra du poids, la quantité de lait devra être augmentée proportionnellement. Au début, le chiot prend un biberon toutes les deux heures le jour et toutes les quatre heures la nuit. Les biberons de nuit devront être peu à peu espacés puis supprimés vers la deuxième semaine pour habituer le chiot à dormir la nuit. Vous pouvez préparer en une seule fois toute la nourriture nécessaire pour une journée et la placer dans le réfrigérateur.

Chiot né de Cypion (à Mme Raymonde Catala) et de Cléopâtre (à Mme Muriel Manet)

Cependant avant chaque biberon, il faudra tiédir le lait, le froid risquant d'irriter les muqueuses de l'estomac et de l'intestin. Si des diarrhées apparaissent, il est possible que cela soit dû au conservateur contenu dans le lait : vous couperez alors le lait avec du jus de carottes cuites ou de l'eau de riz.

Si les selles sont trop dures, il sera nécessaire de changer de marque de lait ; le chiot est un être vivant dont l'organisme a ses propres particularités. Les nouveau-nés ont besoin de beaucoup de chaleur, 24° environ.

Placez des bouillottes dans leur couche ou un radiateur d'appoint dans la pièce qu'ils occupent. La lampe infra-rouge, vous vous en souvenez, est à déconseiller car elle déshydrate les jeunes. Couvrez-les avec un vieux pull-over en laine, une vieille fourrure, etc. Le chiot possède un système d'autorégulation. Lorsqu'il ne veut plus du biberon, ne le forcez donc pas mais espacez les biberons.

Si le chiot pleure fréquemment ou constamment, c'est probablement qu'il a froid ou que son lait n'est pas suffisamment nourrissant ou mal coupé.

Ne soyez pas inconscient. Si le chiot que vous nourrissez au biberon tète, c'est parfait. Mais dès qu'il n'a plus le réflexe de téter, vous aurez peut-être envie de le nourrir à la seringue. Sachez qu'il vous sera très difficile de lui faire absorber la nourriture nécessaire à sa survie. Vous vous fatiguerez et vous ne le sauverez peut-être pas. Dans l'hypothèse où il parviendrait à survivre, le cerveau n'étant pas ou peu irrigué, le chiot conservera des séquelles irréversibles. Rendez-vous compte à temps de votre erreur et confiez-le aux bons soins de votre vétérinaire qui l'endormira sans souffrance.

Imitez la mère. Avant chaque biberon, il faut faire uriner le chiot en lui massant doucement le bas-ventre et le faire déféquer en massant l'anus. Si vous omettez ces petits détails, le chiot sera probablement perdu ou du moins aura une occlusion intestinale. A deux semaines, le chiot aura le réflexe de faire ses besoins sans votre aide.

L'alimentation du chien âgé ou obèse

La suralimentation est très néfaste. Outre l'obésité, elle entraîne des troubles très graves, soyez donc vigilant.
Si votre chien est âgé, s'il prend du poids et devient obèse, vous devrez di-minuer ses rations et les distribuer en deux prises. Le Coton âgé devra garder une bonne hygiène de vie (sorties quotidiennes).
Le Coton obèse sera gêné par l'excès de graisse qui force sur ses articulations, noie son cœur et l'empêche de fonctionner. Il en est de même pour la plupart de ses organes.
Si vous ne savez pas doser les repas de votre Coton, ayez recours aux aliments diététiques secs ou humides. Demandez conseil à votre vétérinaire pour le choix de ces produits et des... marques.

Les vomissements

Chez les chiens, les vomissements sont fréquents et presque toujours bénins. Ils évitent les indigestions et les intoxications. Chez le jeune chien et chez le très vieux, les vomissements sont plus préoccupants.
Il suffit souvent de mettre le Coton à la diète pendant une journée (aucune nourriture mais de l'eau à volonté). S'il continue à vomir, une visite chez le vétérinaire s'impose ; conservez les vomissures en prévision d'une analyse afin de vérifier s'il n'a pas absorbé de produits toxiques.
Par contre, si le chien essaie de vomir sans y parvenir, c'est probablement qu'il a absorbé de l'herbe ou une petite quantité de poils. Il finira par les régurgiter avec des sucs gastriques, il ne s'agit pas ici de vomissements et vous ne devrez pas vous en inquiéter.

L'éducation

Si vous n'avez pas l'intention de vivre sur une île déserte avec votre Coton, un minimum d'éducation lui sera nécessaire pour s'intégrer dans la société.

Le Coton est si fidèle que cette qualité est utilisée pour l'éduquer. Cette fidélité enchante les hommes. Alors que les humains jouent bien souvent la comédie tout au long de leur vie, le chien, lui, reste fidèle à son maître. Il est pour cela le meilleur refuge dans les moments difficiles. Lorsque les mesquineries de l'entourage nous pèsent, il s'avère un réconfort certain.

Le chien a lui aussi des « besoins » de paix et de sécurité. Vous avez des devoirs envers lui. Il est témoin des épreuves que vous traversez tout au long de votre vie et son comportement vous démontre combien il est concerné par tous vos petits tracas, le chien vit l'instant présent et ne comprend pas ce qui vous arrive.

Le Coton témoigne à son maître une réelle adoration, quitte à paraître excessive. Ceci implique forcément son obéissance à condition que le maître

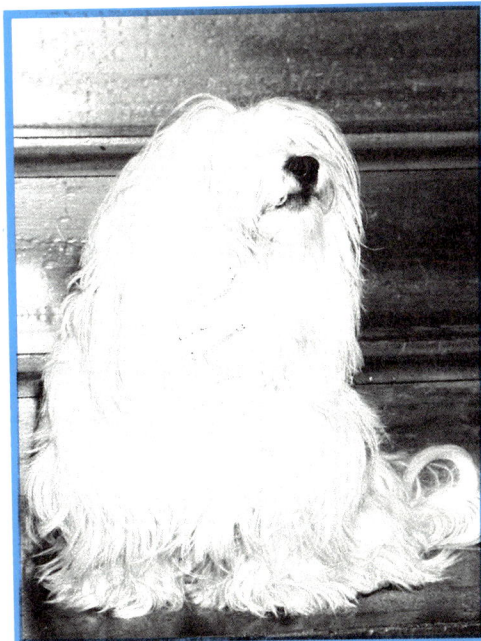

Cypion de la Ferme de Bannay, champion d'Europe en classe Jeunes, Luxembourg 1988, recommandé quatre étoiles. Prop. : Mme Raymonde Catala

sache se faire respecter. Voyez en agility comme le maître et le chien sont à l'unisson, comme le chien reste dans la position demandée par le maître pour n'en bouger que sur son ordre.

A la naissance, chaque Coton hérite de certaines qualités, si vous ne cultivez pas ces dons, ses nobles capacités resteront sous-jacentes. L'art de l'éducateur est de découvrir puis de développer ces dons.

Le maître est pour le chiot le chef de la meute et les Cotons obéissent et se soumettent à la hiérarchie de la vie de groupe. La mauvaise éducation d'un chiot est de ce fait la faute du maître qui n'a pas su éduquer son chien ou qui n'a pas respecté les règles données.

La première règle pour une réussite parfaite est de *rester ferme dans les ordres* que vous donnez au chiot ou au chien adulte. S'il est défendu au chien de faire quelque chose, il faut le lui interdire chaque fois et non de temps à autre, sinon le Coton ne saura plus ce que vous voulez de lui et sera bien malgré lui désobéissant.

Votre chien se comportera donc dans la société comme vous le lui aurez appris. Si vous laissez agir votre petit futé à sa guise, selon son instinct, vous obtiendrez un petit sauvageon ou presque, il ne sera pas « sortable » et vous aurez du mal à l'intégrer dans notre monde.

Si vous laissez passer une seule fois ce qui est généralement défendu ou si vous martyrisez votre chien, son caractère s'en ressentira et vous ne pourrez plus vous faire obéir. Les chiots sont comme les enfants, ils testent leur maître, cherchent ses limites, ses faiblesses pour en tirer un maximum de profits.

Certains lieux, restaurants, hôtels, jardins publics, plages et autres, lui sont interdits. Cela vous compliquera la vie quelquefois. Si votre chien est bien éduqué, vous verrez un certain nombre de portes s'ouvrir. Par contre, s'il est mal éduqué, vous connaîtrez des vexations semblables à celles que subissent les familles qui n'ont pas élevé convenablement leurs enfants.

L'obéissance

Vous savez ou vous ne savez pas vous faire obéir, qu'il s'agisse de chiens, d'enfants ou de personnel quand vous en avez.

L'obéissance ne dépend donc que de vous.

Lorsque vous donnez un ordre important ou non, le chien doit obéir même s'il n'y a aucune raison précise à cet ordre : les Cotons font un jeu de l'ordre donné, ils cherchent à vous en divertir ce qui laisse à penser à certains maîtres qu'ils sont têtus.

Le Coton de Tuléar entend et reconnaît le pas de son maître mais il lui est difficile de localiser avec précision d'où viennent les bruits. En effet, comparé à l'homme, le chien entend beaucoup mieux, ses facultés auditives sont de 20 à 50 hertz , tandis que les facultés auditives de l'homme ne sont que de 20 à 30 hertz. Le Coton perçoit donc des sons que l'homme n'entend pas : par exemple, des petits pas produits par le passage d'une souris.

Le rôle principal de l'audition est de percevoir ce que vous voulez expri-

Une paire de Cotons — Daphnée, championne 1991, et Follow-me — et... une paire de jambes.
Prop. : Mme Perchet

mer. Aussi aucune nuance de votre voix n'a de secret pour le Coton, c'est la raison pour laquelle il ne se trompe jamais sur vos intentions et qu'il agit comme s'il avait « compris vos paroles ».

Les sons graves servent à donner des ordres, aussi le Coton éloigné de son maître sera rappelé d'un ton autoritaire et grave.

Voici les trois timbres de voix que vous devez utiliser pour vous adresser à votre compagnon :

— une voix de commandement ferme et qui ne prête pas à discussion ;

— une voix de punition, sévère, mécontente, presque menaçante ;

— une voix de récompense, douce, tendre et affectueuse.

Le rappel

C'est la base de l'éducation. Il est très important que votre chien accourt à votre rappel. Pour ma part, je choisis le mot unique « ici », précédé du nom du chien, « Edelweiss ici ». Mais vous pouvez opter pour les mots « au pied » ou « viens » ou le coup de sifflet. Il ne faut jamais varier ce mot de rappel. Encore un exemple personnel : à deux mois, un chiot vient à mon appel, je tapote de mes doigts le sol en l'appelant par un petit nom. Ce geste de la main l'attire, je l'encourage par des paroles douces, il vient gentiment vers moi. En somme, j'en fais un jeu : je le caresse et le laisse partir.

Il faut répéter ce manège plusieurs fois par jour, avec toujours les mêmes gestes et les mêmes mots. Très vite avec l'habitude, vous pourrez demander à votre Coton de venir vers vous, même s'il est occupé à jouer, il laissera volontiers son jeu pour vous répondre et obtenir la caresse habituelle.

Les mots d'ordre

Assis

Vous ne ferez pas de votre chien un animal de cirque mais il est souvent utile de lui faire prendre cette position assise. En prononçant le mot « assis » appuyez fermement sur la croupe de votre chiot et dès que le chien s'affaisse, complimentez-le de la voix et donnez-lui une friandise, là vous ne pouvez ni le caresser ni l'embrasser car il se lèvera aussitôt. Il doit garder cette position quelques instants avant d'obtenir une récompense.

Couché

Ici, rien n'est joué car les chiens acceptent moins facilement cet exercice.

Pourtant, là encore, il s'avère utile à n'importe quel moment de leur vie. Cette position s'apprend en deux temps puisque le chien se couche rarement d'emblée mais en deux étapes, observez-le ! Il s'assoit d'abord, puis, il allonge ses pattes avant pour se coucher. Vous demandez donc la position assise, vous le caressez et vous continuez la caresse en la faisant descendre en direction du bout des pattes avant que vous tirez doucement jusqu'à les mettre à plat par terre et vous dites « couché » avec le ton que vous prenez pour dire « assis » ou « ici ». Si le Coton ne résiste pas, vous le flattez et lui donnez une récompense. N'oubliez pas de stimuler l'enthousiasme de votre élève par des félicitations si elles sont méritées.

Dans le cas contraire, réitérez avec beaucoup de patience votre commandement jusqu'à l'accomplissement de l'exercice.

Va coucher

Ici, il s'agit d'un ordre qui n'est pas un exercice mais qui sanctionne une faute. Le ton de la voix sera plus ferme et le chien ira aussitôt se coucher dans son « dodo », sur sa banquette, etc.

Cette punition psychologique ne peut s'exercer que sur un chien d'au moins six à huit mois. Il est évident qu'un chiot se moquera éperdument d'aller se coucher, il n'y resterait d'ailleurs pas plus de trois secondes.

Diva en toute simplicité... Prop. : Mme Damman

La propreté

Le chien est propre de nature, il va faire ses besoins loin de sa couche, alors qu'il marche à peine. A partir de deux mois, c'est après les repas qu'il faut penser à les sortir si vous voulez qu'il fasse dehors.

Si vous souhaitez qu'il fasse sur un papier, dans un endroit de la maison que vous aurez choisi à cet effet, ne le laissez pas « faire » ailleurs dans l'appartement, lorsque vous le voyez tourner en rond, attrapez-le et posez-le sur son papier. Ne cédez jamais s'il s'oublie sous vos yeux, dites-lui « non » avec autorité et déplacez-le là où vous désirez qu'il se soulage. Par

contre, si vous ne l'avez pas vu « faire » et que vous découvriez le dégât sur le parquet ou sur un tapis, il n'est pas nécessaire de le gronder car n'ayant pas été pris sur le fait, il ne comprendrait pas ce qui vous met en colère surtout si son « oubli » remonte à une heure ou plus.

Les odeurs et les traces — jaunâtres — laissées par les urines se désodorisent et se nettoient avec du vinaigre blanc.

Lorsque vous arrivez chez vous avec le chiot que vous venez d'acquérir, ne le posez pas sur la moquette, sachez que ce premier contact avec sa nouvelle demeure correspondra pour lui à son premier « pipi » chez vous.

Placez-le dans la cuisine, sur un journal ou une serpillière, ce sera l'idéal si vous n'avez pas de jardin.

La responsabilité

Voici une petite astuce qui vous permettra de garder de bons rapports avec votre voisinage. Si vos voisins se plaignent des aboiements intempestifs et continuels de votre chien, demandez-leur pour vous aider à éduquer votre Coton, de noter les heures auxquelles il aboie, la durée, l'ampleur de ces aboiements et vous constaterez que ce ne sera déjà plus « toute la journée ».

En vertu de l'article 1385 du code civil, le propriétaire est responsable de dommages causés à autrui par son compagnon même si celui-ci s'est échappé. Il est donc largement recommandé de souscrire une assurance « responsabilité civile » en y mentionnant votre chien.

A ma connaissance, les Cotons ne mordent pas, ils pincent le bas de la jambe, notamment les femelles lorsqu'elles ont des chiots. Mais, si par hasard, le Coton mordait, sachez que si la victime porte plainte, vous devrez l'indemniser par rapport au préjudice subi.

Par contre, en cas de légitime défense, lors d'une agression au domicile ou d'une entrée par effraction, la responsabilité du propriétaire du chien n'est pas engagée.

Le Coton de Tuléar détient un sens que les humains ne possèdent pas et détecte les « mauvaises » gens avec une grande efficacité.

A bon entendeur, salut !

Le sport : l'agility dog

L'agility est une discipline nouvelle en France susceptible d'amuser bon nombre de maîtres et de chiens : inventée en 1980 par un Britannique du nom de Lewis, cette discipline, qui est déjà très populaire en Grande-Bretagne, n'en est encore qu'à ses débuts en France. Mais il ne fait aucun doute que ce sport adapté à tous les chiens (pourvu qu'ils aient reçu les bases élémentaires d'éducation et d'obéissance) est voué à un grand succès ; de plus, les concours sont ouverts à tous les types de chiens : du plus grand

aristocrate au dernier des bâtards. Il existe aussi une « mini agility » pour les chiens de petite taille (pas plus de 40 cm au garrot) dans laquelle le Coton se distingue.

Malgré son fort caractère, le Coton se plaît à faire plaisir à son maître, souple et joueur et accède sans difficulté à des niveaux non négligeables.

Après avoir obtenu, dans des concours interclubs le maximum d'excellents, vous pouvez participer aux sélections régionales pour aller au championnat de France. En 1991, sur deux Cotons sélectionnés, un figure en troisième place sur le podium du championnat de la SCC.

Malheureusement, le nombre restreint de chiens présentés dans la catégorie « mini » n'a pas permis en 1991 d'attribuer de titre de champion mais simplement le prix de la Coupe de Longchamp. Il serait souhaitable que d'autres races de petite taille viennent se joindre au Coton dans ce sport.

Ce sport est basé uniquement sur le rapport maître/chien. Il s'agit d'un parcours d'obstacles très semblables à ceux utilisés dans les concours hippiques mais bien évidemment réduits à la taille des chiens... Le but est de mesurer la forme physique du chien, mais surtout l'entente avec son maître qui doit être parfaite. Le temps employé pour effectuer le parcours est important mais c'est surtout la précision qui prime : comme dans les concours hippiques, la sélection s'effectue sur le nombre d'erreurs commises.

Le chien doit courir complètement...

Les chiens du Club d'agility de Chaumes-en-Brie

nu : même le collier antipuces est interdit.

Mais comment aborde-t-on l'agility ? il faut avant tout avoir effectué le programme d'éducation de base et d'obéissance ; il suffit ensuite d'avoir un chien agile, en forme, et qui aime sauter (pratiquement tous les chiens adorent ça).

Il est difficile de s'entraîner seul dans son jardin parce que le véritable parcours est long et truffé d'obstacles en tout genre ; il est donc indispensable de s'adresser à un club spécialisé dans ce type d'activité.

Le parcours est d'une longueur variant entre 100 et 200 m, selon la catégorie de l'épreuve, et compte entre dix et vingt obstacles, doubles et triples compris, valant pour un seul obstacle. On doit laisser 7 m entre deux obsta-

cles et 5 entre les différents éléments des obstacles composés.

Le parcours ne doit jamais être le même pour deux raisons : le chien se laisse conditionner bien trop facilement et n'aurait plus besoin de son maître au bout de deux tours. Le but de l'épreuve consiste au contraire à évaluer l'entente du binôme maître/chien ; c'est le maître qui doit indiquer au chien, de la voix et à l'aide de quelques gestes, l'obstacle à sauter.

Il existe, pour chaque épreuve et selon la longueur du parcours, un temps de parcours standard (TPS) et un temps maximum de parcours (TMP), communiqués aux concurrents.

Temps de parcours standard : il est déterminé en fonction de la complexité du parcours et de la vitesse en mètres/secondes. La vitesse moyenne du chien se situe entre 1,8 et 3,5 m à la seconde et le TPS est donc calculé en divisant la longueur du parcours par la vitesse en m/s, établie par le juge.

Temps maximum de parcours : c'est le double du temps de parcours standard.

Au début de l'épreuve : le conducteur place le chien à l'arrêt (debout, assis ou couché) derrière la ligne de départ, ou quelquefois sur une table. Le chien ne doit rien porter sur lui et le maître doit avoir les mains libres.

Pendant l'épreuve, le conducteur peut s'adresser au chien avec la voix et au moyen de gestes, mais il ne devra toucher ni le chien, ni les obstacles.

Lorsque le conducteur donne le signal de départ, le juge déclenche le chronomètre : le maître doit alors faire exécuter l'ensemble du parcours à son chien, en courant à côté, devant, ou derrière lui. Plus maître et chien se comprennent bien, moins le maître a de parcours à faire : au début toutefois, il est bon que le maître suive son chien pas à pas ; il devra lui aussi avoir un bon entraînement physique ! Au terme du parcours, le juge arrête le chronomètre dès que le chien passe la ligne d'arrivée.

LES OBSTACLES

Les obstacles d'agility peuvent être les suivants : haies (ou barrières), via-ducs (ou murs), table, passerelle, balançoire, palissade, tunnel rigide, tunnel souple, pneu, saut en longueur, rivière, zone d'arrêt au sol.

Selon le règlement international les obstacles doivent avoir les dimensions suivantes.

Haies

Hauteur : 40 cm.
Largeur minimum : 120 cm.
Les barres métalliques sont interdites.

Viaduc

Hauteur : 40 cm.
Largeur maximum : 120 cm.
Epaisseur : 20 cm environ.
Panneau plein comprenant une ou deux ouvertures en forme de tunnel.

Table

Superficie de 100 x 100 cm.
Hauteur : 40 cm.
Elle doit être stable et non glissante.

Passerelle

Hauteur : 120 cm minimum, 135 cm maximum.
Largeur de la poutre : 30 cm minimum, 40 cm maximum.
Longueur de chaque élément : 360 cm minimum, 420 cm maximum.
Les rampes doivent être pourvues de petites lattes de bois clouées à espaces réguliers (de 30 à 20 cm) pour faciliter la montée et éviter les glissades.

Eden saute la barrière

Eden franchit le « mur » ou viaduc

Les parties inférieures des rampes doivent être peintes dessus et dessous sur une longueur de 90 cm à partir du sol pour signaler les « zones de contact ». Aucune latte de bois ne doit être clouée au-dessus de la limite supérieure de cette zone.

Balançoire

Largeur : 30 cm minimum, 40 cm maximum.
Longueur : 365 cm minimum, 425 cm maximum.
Hauteur de l'axe de rotation central : entre 60 et 70 cm.

Les zones de contact sont identiques à celles de la passerelle.

Palissade

Longueur de chaque élément : 275 cm minimum, 320 cm maximum.
Largeur : 90 cm pour la partie supérieure et 115 cm pour la partie inférieure.
Point le plus élevé du sol : 190 cm.
Les rampes doivent être pourvues de lattes de bois, clouées à espaces réguliers (à peu près tous les 50 cm). Les parties inférieures des rampes doivent être peintes (dessus et dessous) sur une longueur de 106 cm à partir du sol, pour indiquer les « zones de contact ». Aucune latte de bois ne doit être clouée au-delà de la limite supérieure de cette zone.

Slalom

Nombre de piquets : 8, 10 ou 12.
Distance entre chaque : de 50 à 65 cm.
Hauteur des piquets : environ 100 cm.

Tunnel rigide

Diamètre intérieur : 60 cm.
Longueur : 360 cm.
Flexible, il permettra de former une ou plusieurs courbes.

Tunnel souple

Entrée en arceau rigide : 90 cm de longueur.
Hauteur : 60 cm.
Largeur : entre 60 et 65 cm.
Diamètre : entre 60 et 65 cm.
Sortie en matériau souple (toile ou tissu).
Longueur : 300 cm.

Pneu

Diamètre de l'ouverture : 38 cm minimum, 60 cm maximum.
Distance du sol au bord inférieur de l'ouverture : 55 cm.
Pour des raisons de sécurité, la partie inférieure basse du pneu doit être pleine.

Saut en longueur

Il se compose de quatre ou cinq éléments, écartés entre eux de sorte à obtenir un saut de 120 à 150 cm.
Longueur des éléments : 120 cm.
Hauteur des éléments : 28 cm pour le plus haut, 15 cm pour le plus bas.
Largeur des éléments : 15 cm, légèrement inclinés. Les quatre côtés doivent être signalés par des piquets

Cavalletis

Largeur : 120 cm.
Hauteur : 30 cm.
Une combinaison de cavalletis comprendra au maximum quatre éléments espacés d'une égale distance de 160 à 200 cm.

Rivière

Superficie du plan d'eau : 120 x 120 cm.
Cet obstacle peut être précédé d'un

petit obstacle d'une hauteur de 40 cm. Les quatre côtés doivent être signalés par des piquets.

Zone d'arrêt au sol

Superficie : 120 x 120 cm.
Zone tracée au sol (par un cadre de bois, de la craie, ou des lignes blanches).

L'APPRENTISSAGE

Pour amener un Coton à l'agility, il faut attendre qu'il ait atteint l'âge de six/sept mois, voire d'un an.
En général, les chiens adorent sauter et le dressage au saut de haies et au saut en longueur est tout à fait similaire à celui étudié dans les programmes.
L'approche aux autres obstacles peut en revanche poser quelques problèmes : le pneu par exemple doit être tout d'abord mis à terre de sorte que le chien se familiarise avec et évalue la largeur de l'ouverture.
Le conducteur doit travailler avec le chien tenu en laisse : la laisse doit être passée par l'ouverture, et au commandement « saute », on fait sauter le chien à travers le pneu. Par la suite, le pneu doit être soulevé du sol et le chien doit sauter sans laisse : il est important de lui faire faire des tentatives à partir de plusieurs distances pour qu'il trouve lui-même la distance idéale.

Table : tout comme la zone d'arrêt au sol, la table est un obstacle d'obéis-sance. Le chien doit sauter sur la table, se coucher, et rester dans cette position pendant cinq secondes : il est donc indispensable que le chien maîtrise parfaitement les commandements « saute », « assis », « debout » et « pas bouger ».
Avec la progression du dressage, le chien comprendra rapidement ce que l'on attend de lui lorsqu'on lui montre la table.

Tunnels : ils sont assez inquiétants pour les chiens, car ceux-ci n'aiment pas entrer dans un espace étroit et sombre. La meilleure façon de convaincre le chien d'entrer dans le tunnel est d'y placer son jouet. Si le chien ne veut rien savoir, le maître replie le tunnel rigide pour que le chien aperçoive la sortie, puis il allonge le tunnel jusqu'à son maximum mais toujours en ligne droite, ou l'arc-boute doucement. Le tour est joué dès que le chien entre et constate qu'il ne lui arrive rien.
Il est important que le tunnel souple ne soit affronté que si le chien est déjà familiarisé au tunnel rigide. Il est préférable les premières fois de soutenir la partie supérieure du tunnel souple de sorte qu'elle ne frotte pas sur le dos du chien : il s'y habituera progressivement. Le tunnel doit toujours être bien tendu, car il suffirait que le chien se prenne dedans une fois pour devoir recommencer le dressage à zéro.

Palissade : il est recommandé de familiariser le chien à cet obstacle en ouvrant les deux rampes au maximum pour diminuer la hauteur. Le chien doit apprendre à marcher sur les zones de contact : pour ce faire, je vous conseille de placer un pneu devant les rampes de montée et de descente, de telle sorte que le chien soit obligé de marcher sur toute la longueur de la rampe pour passer à travers le pneu.

Passerelle : au début, le maître doit accompagner son chien pour le rassurer. Un autre système pour le mettre en confiance consiste à le placer en position « assis » ou « couché » sur la poutre ou sur les rampes. Ici aussi, il est important que le chien travaille bien sur les zones de contact.

Balançoire : cet obstacle ne doit être appréhendé que lorsque le chien est déjà bien entraîné sur palissade et passerelle. Le problème consiste ici à vaincre la méfiance du chien à l'égard de l'obstacle mobile ; il est également important de lui faire comprendre qu'il est le seul à décider du moment ou la planche bouge.
Pour obtenir ce résultat, vous placez le chien à la limite de l'axe de rotation ; vous le faites s'arrêter devant l'obstacle encore immobile, puis avancer d'un seul pas en le maintenant fermement pendant que la planche bascule. Dès que cette dernière s'immobilise, faites descendre le chien sans oublier de le féliciter.
Si vous renouvelez l'exercice plusieurs fois, le chien comprendra rapidement qu'il fait lui-même bouger la planche,

et ses craintes s'envoleront rapidement. Prenez garde aux zones de contact.

Slalom : c'est l'obstacle le plus difficile, celui qui exige une harmonie parfaite entre maître et chien. A l'entrée du slalom, le chien doit toujours avoir le premier piquet sur sa gauche. Il est recommandé de commencer les premiers exercices en plaçant les piquets en V, de telle sorte que les premières « portes » soient assez larges et faciles à franchir : donnez au chien le commandement « passe » en le guidant avec la laisse en prenant bien garde de ne pas le coincer dans les piquets. Lorsque le chien a compris la façon dont il doit passer, faites-le continuer ainsi jusqu'à l'extrémité du V, là où les piquets sont plus rapprochés. Vous recommencerez ensuite depuis le début jusqu'à ce qu'il ait assimilé. Cet obstacle requiert beaucoup de patience, mais il est surtout indispensable de corriger immédiatement les éventuelles erreurs.

Au fur et à mesure que vous progresserez dans le dressage, vous devrez choisir des obstacles de plus en plus difficiles ; au fur et à mesure que le chien apprend, le maître découvre les petits secrets qui font plus ou moins bien avancer le chien : un ton de voix particulier, une mimique précise. N'oubliez pas d'augmenter progressivement la vitesse, sans toutefois exagérer : l'agility n'est pas une course contre la montre mais essentiellement

Eden à la Coupe de Longchamp

une épreuve d'obéissance qui doit amuser le chien et le maître tout en exposant leur degré d'harmonie... Il ne s'agit donc pas d'épuiser qui que ce soit.

L'ADMISSION AUX CONCOURS

Les épreuves officielles homologuées par la FCI

Elles comptent pour l'attribution du brevet d'agility pour la sélection aux épreuves nationales.

Peuvent y participer : les chiens de toutes races âgés de plus de quinze mois, inscrits sur un Livre des origines reconnu par la FCI et membres d'un club d'une organisation cynologique affiliée à la FCI.
Les participants devront posséder un carnet de travail.

Les épreuves non homologuées

Pourront y participer : tous les chiens âgés de plus de quinze mois avec ou sans pedigree mais obligatoirement tatoués, membres d'un club d'une organisation affiliée à la FCI.

LES CATÉGORIES D'ÉPREUVES

Les épreuves homologuées

Classe agility 1er degré : réservée aux chiens n'ayant pas encore obtenu leur brevet d'agility.

Classe agility 2e degré : ouverte aux chiens ayant déjà obtenu leur brevet.

Les épreuves non homologuées

Elles sont laissées à l'initiative de chaque pays. Elles doivent, néanmoins, rester dans l'esprit de l'agility et préserver la sécurité du chien et du conducteur. Le juge en précise les règles avant chaque épreuve.

Parcours d'agility. La palissade : en piste Eden à Mlle Jacqueline Vasserot

Toujours le même franchissant avec aisance le pneu

En haut : Eden en pleine action à la 3ᵉ Coupe de Longchamp, juin 1991

Au milieu : La balançoire

Ci-contre : après le sport, la détente…

Les principes d'une bonne santé

La santé

GÉNÉRALITÉS

Comme pour tout être vivant, la santé est le bien le plus précieux de votre Coton et doit être surveillée régulièrement par votre vétérinaire qui lui apportera un planning de vaccinations adapté, protection indispensable vis-à-vis des maladies infectieuses pour lesquelles il n'existe pas de thérapeutique.

Certains propriétaires d'animaux négligent ces vaccinations favorisant ainsi la réapparition de certaines maladies telles que récemment la maladie de Carré qui s'est soldée par un taux de mortalité élevé et a fait la « une » des revues spécialisées en 1988-89.

Il faut savoir que la médecine vétérinaire contrôle tous les problèmes qui peuvent affecter votre compagnon d'une manière identique à la médecine humaine : maladies organiques, chirurgie réparatrice, ophtalmologie, cardiologie, soins dentaires et homéopathie.

Tout d'abord, un petit rappel pour vous faire prendre conscience de l'âge de votre Coton par rapport à l'âge de l'homme.

Age du chien	Age de l'homme
6 mois	16 ans
1 an	20 ans
6 ans	40 ans
11 ans	60 ans
17 ans	84 ans

Aussi, n'espérez pas que votre chien vive jusqu'à vingt et un ans, il serait centenaire !

Une activité régulière (promenade, jeux) et une alimentation équilibrée sont les principaux garants d'une bonne santé. Le chien adulte en bonne santé garde un poids stable, pesez-le régulièrement, cela vous permettra de régler ses rations.

Le chiot en pleine croissance doit prendre du poids régulièrement, ses rations sont augmentées progressivement selon son appétit et l'âge du chiot. A huit mois, il atteint le poids qu'il conservera adulte. Un chiot qui a un gros ventre a une ration trop pauvre, ce n'est pas la quantité qui importe mais la qualité et l'équilibre. Observez les selles, elles doivent être bien moulées.

Ne changez pas brutalement de régime alimentaire, ne passez pas de l'alimentation traditionnelle à la nourriture industrielle commercialisée et vice versa. Donnez chaque jour une petite quantité de nourriture de remplacement, ainsi vous effectuerez un sevrage de la nourriture habituelle que vous souhaitez supprimer.

Vous y arriverez progressivement sur une période de deux ou trois semaines.

PRÉVENTIONS ET MISE EN GARDE

Les accidents dits « stupides » peuvent être évités si vous êtes conscient que les médicaments, les produits d'entretien, les produits de culture (comme les insecticides, les désherbants), la mort aux rats et à limaces, les objets pointus (outils, couteaux, clous, aiguilles, etc.) ne doivent pas rester à la portée de la patte de votre petit diable.

Si vous résidez dans une région infestée de serpents ou de guêpes, ayez toujours avec vous un sérum antivenimeux. Si votre Coton est mordu par un serpent, injectez-lui le sérum autour de la morsure. Puis, allez sans affolement chez le vétérinaire.

Si une guêpe pique votre Coton, administrez-lui dans ce cas une cuillère à café de phénergan. Si la guêpe s'est introduite dans l'oreille ou si les piqûres sont nombreuses, allez sans tarder chez le vétérinaire.

Faites attention aussi :
— aux fils électriques, aux prises de courant ;
— aux balcons et fenêtres : ils doivent être protégés pour éviter une chute éventuelle ;
— à la laisse au cou de votre chien en voiture : il peut s'étrangler ;
— au collier : ôtez-le aux chiots en votre absence ;
— à ne pas laisser votre Coton dans une voiture, même si vous laissez un peu d'air entrer par une vitre légèrement ouverte, surtout en été ;
— à ne pas rouler fenêtre ouverte : il risque de sauter.

Enfin, lorsque vous portez votre Coton dans vos bras, sachez le tenir pour qu'il ne chute pas sur le carrelage ou la chaussée.

TROUSSE DE SECOURS

Le chien bénéficie aujourd'hui d'une façon de vivre et d'une considération plus agréable qu'il y a cinquante ans. Il dispose d'une nourriture préparée spécialement pour lui, de jouets, d'une niche ou d'un coussin quand ce n'est du meilleur fauteuil de la maison ou du lit du maître.

Il faut avoir chez soi une trousse de premiers secours qui lui soit spécialement destinée. Vous pourrez l'emporter en voyage ou en voiture.

Elle devra contenir :
— un thermomètre ;
— de la vaseline ;
— des compresses stériles ;
— du sparadrap (le micropore ne dépose pas de colle sur les poils du Coton) ;
— de l'alcool ;
— de la pommade antibiotique ;
— une seringue jetable ;
— du sérum antivenimeux ;
— de l'éther ou un stick pour enlever les tiques.

L'hygiène

LES DENTS

Inspectez la bouche de votre Coton, s'il a une mauvaise haleine, c'est le signe d'une mauvaise digestion ou d'un mauvais entretien des dents (tartre, caries).
Brossez-lui les dents avec une patte dentifrice spéciale que vous trouverez chez votre vétérinaire. Donnez-lui de la nourriture à mastiquer, il doit se servir de ses dents.
Pour éviter les bouches édentées, il ne faut pas hésiter à faire régulièrement un contrôle du tartre qui peut se déposer sur les dents et sous les gencives. Vous pouvez, si le tartre n'est pas trop important, le décoller vous-même avec un cure-ongles en bois par exemple et par un brossage régulier des dents. Si le tartre est très important, faites pratiquer un détartrage soigné par votre vétérinaire.

Les caries seront soignées par un spécialiste. Vous serez peut-être obligé de faire quelques kilomètres car ils ne sont pas nombreux.

LES YEUX

Les yeux doivent être brillants et propres. Consultez votre vétérinaire s'ils pleurent ou suppurent.
Il faut nettoyer les yeux régulièrement avec du sérum physiologique ou de l'eau de bleuet comme pour nous. La cystine B6 est conseillée pour conserver une bonne vue. Les poils retombant sur les yeux peuvent les irriter, aussi lorsque vous ne présentez pas votre Coton dans une exposition, vous pouvez lui relever la mèche à l'aide d'une barrette et tout rentrera dans l'ordre. Lorsque les poils auront atteint une bonne longueur, ils ne risqueront plus d'irriter les yeux.
Chez le chiot, vous massez doucement la base du canal lacrymal afin qu'il se déroule entièrement, lorsqu'il sera adulte, les yeux ne pleureront pas et le poil ne sera pas souillé.

LE NEZ

Le nez doit être légèrement humide.
Un nez chaud n'est pas signe de maladie : seul, le thermomètre permet de connaître avec précision la température de votre Coton qui doit être entre 38 et 38,5°. Vous passez un peu de vaseline sur une truffe craquelée par le dessèchement.

LES OREILLES

Certains chiens font la « sourde oreille » et ne sont pas sourds pour autant. Votre Coton n'a simplement pas envie d'être dérangé ou est occupé à des jeux bien plus intéressants pour lui que ce que vous lui demandez. Si vous lui dites « chocolat ou sucre », il va alors dresser l'oreille et venir en frétillant de la queue.

L'ouïe est un sens très important pour le chien qui suscite en lui des réactions précises et conditionnées : le bruit de la porte du garde-manger le fait accourir dans l'espoir de se mettre quelque chose sous les crocs. Le Coton sourd est un handicapé. S'il est avec des congénères, il se lèvera et les suivra lorsque ces derniers, ayant perçu un bruit insolite, se précipiteront au jardin ou à la porte, mais il ne les suivra que pour agir comme eux.

Lorsque ce chien handicapé dort, vous ne pouvez l'appeler, s'il est seul, il ne réagira même pas à votre approche. Il faudra que vous le caressiez doucement en effleurant son poil pour ne pas le faire sursauter, et là seulement, il comprendra que vous voulez quelque chose de lui.

Lorsque vous l'emmènerez en promenade, ne le sortez pas sans laisse, il n'entend pas les bruits des voitures et par conséquence risquerait de se faire écraser.

Pourtant, son odorat est plus développé que celui du Coton bien entendant. Un sens peut contrebalancer une infirmité. Toutefois, s'il est le seul chien de la maison, il aura des difficultés à se déplacer car les informations qu'il devrait percevoir ne seront plus le support pour l'y inciter.

Vous aurez donc un compagnon paisible mais qui ne vous attendra pas à la porte à votre retour. Ce sera aussi pénible pour vous que pour lui.

Puisque votre Coton a les oreilles tombantes, elles seront à surveiller de près car tout ce qui pénètre à l'intérieur ne s'évacuera pas facilement, le Coton secouera la tête pour s'en débarrasser mais sans résultat, soyez donc vigilant et contrôlez fréquemment le conduit des oreilles de votre chien. Normalement, les oreilles sont propres et sèches.

Si le pavillon des oreilles est rouge, si une herbe sèche s'est glissée dans le conduit, consultez votre vétérinaire d'urgence. Par contre, si votre chien se gratte énergiquement les oreilles, si le conduit est marron, il est probable qu'il ait la gale des oreilles. Il faut alors le soigner avec un antiparasite (Oridermyl) fourni par votre vétérinaire et masser la base des oreilles de façon à faire remonter les parasites et les sécrétions. Nettoyez ensuite avec une gaze sans pénétrer dans le conduit auditif.

LES PATTES ET LES APLOMBS

Si votre Coton a une démarche inhabituelle, regardez si ses coussinets ne sont pas blessés. Ceux-ci doivent être dégagés de la bourre de poils qui se durcit entre chacun d'eux.

Ils ne doivent pas être secs ou craquelés. Utilisez un peu de vaseline pour masser et les assouplir, puis essuyez-les pour qu'ils ne tachent pas. Il ne doit pas y avoir de coupures dessus.

Un squelette bien édifié donne un chiot avec une démarche aisée, des membres bien d'aplomb.

Des aplombs irréguliers (membres incurvés vers l'extérieur ou vers l'intérieur), une démarche raide, chancelante par moments, un affaissement des jarrets, sont autant de signes d'un trouble d'ossification. Il s'agit de troubles complexes qui peuvent résulter de l'apport ou d'un déséquilibre entre le calcium, le phosphore, la vitamine D, A ou C et les systèmes hormonaux (thyroïde, parathyroïde).

N'attendez pas et consultez séance tenante votre vétérinaire.

LES ONGLES

Acérés comme des aiguilles chez le chiot, les ongles s'usent rapidement si votre Coton a une activité suffisante sur des surfaces dures et rugueuses. Lors d'une visite, demandez à votre vétérinaire de les lui couper, si vous le faites vous-même attention de ne pas blesser la partie rose de l'ongle, coupez, en laissant du blanc derrière, avec une pince spéciale.

Attention aux ergots des pattes antérieures (puisque les Cotons n'en n'ont pas aux pattes postérieures), l'ongle pousse, se recourbe et se plante dans le coussinet.

Tous ces petits soins ne sont pas fastidieux et ne prennent que peu de temps, s'ils sont faits régulièrement. Par ailleurs, votre chien adore ces instants car vous êtes très attentif à son égard, il vous en est très reconnaissant et vous le démontre sur le champ par une attitude câline.

LES GLANDES ANALES

Les glandes anales sont des organes produisant du musc, substance odorante qui permet au chien de « marquer » des objets ou des adversaires. Quand ces glandes ne fonctionnent pas assez souvent (c'est-à-dire quand le chien n'a pas besoin de « marquer »), les sécrétions se concentrent, de liquides elles deviennent pâteuses voire poudreuses. La musculation des glandes est alors insuffisante pour permettre l'expulsion de ces sécrétions. Il est donc nécessaire de vider ces glandes, votre vétérinaire le fera et vous expliquera comment le faire vous-même.

Si vous avez attendu trop longtemps pour faire vider les glandes anales de votre Coton, il se formera une surproduction de musc provoquant un léchage intensif de l'anus et un frottement au sol de l'arrière-train dans le but de décongestionner les glandes. Il peut alors se former une fistule qui entraînera l'ablation des glandes anales. Cette intervention est pratiquée sous anesthésie générale.

Le chien qui se traîne les fesses par

terre est de suite repéré par son maître. Il faut dans un premier temps bien vermifuger votre chien car s'il est chargé de parasites et notamment du ténia, il aura les mêmes symptômes que ceux décrits plus haut. En effet, le ténia est un ver plat qui provoque de sérieuses démangeaisons au niveau de l'anus. Si après avoir bien vermifugé votre chien, celui-ci se traîne encore par terre, pensez que cela peut provenir des glandes anales.

LE POIL

Un poil terne est souvent le reflet d'une mauvaise santé pour la plupart des races de chiens. Mais chez le Coton, le poil est mat, doux au toucher, léger comme la fleur du cotonnier. Il doit être légèrement ondulé. La peau doit être saine, sans pellicule.

Pour améliorer ou conserver la belle fourrure de votre Coton, ajoutez à sa pâtée des vitamines du groupe B et des huiles de régime (germe de blé, levure de bière et huile pressée à froid). Brossez-le régulièrement et entretenez-le comme vous entretenez vos cheveux, employez des shampooings spéciaux pour chien car il n'a pas le même pH que vous.

Si votre Coton perd ses poils par plaques, il a une dermatose ou bien la nourriture donnée ne lui convient pas. Dans ce cas, consultez votre vétérinaire.

Cependant, ceci peut également être lié au stress, à la contrariété ou à l'ennui. Si c'est le cas, vous constaterez aussi que la pigmentation, notamment l'ombre des yeux, s'est atténuée en même temps qu'il perdait son poil. Sans pratiquer de psychologie de bas étage, cherchez le motif de cette angoisse parmi les derniers événements survenus dans votre famille.

Pour remédier aux effets du stress, vous pouvez donner à votre Coton un traitement homéopathique et tout rentrera dans l'ordre rapidement à condition que l'événement qui a provoqué ce stress ne persiste ou ne se renouvelle pas.

LES URINES

Les urines doivent être claires. Si elles sont foncées et peu abondantes, attention à la piroplasmose et consultez votre vétérinaire.

LES SELLES

En bonne santé, un Coton adulte produit des selles une fois par jour, souvent à la même heure.

Lorsque vous laissez un os de veau à votre compagnon, il s'en régale mais ne vous inquiétez pas si ses selles sont blanches et dures à émettre au point que vous devrez l'y aider, ceci est normal.

Faites-lui une bonne pâtée de légumes avec un peu d'huile de paraffine après l'ingestion de son os de veau et ce petit inconvénient ne se produira pas.

Surveillez les selles, elles sont le reflet d'une bonne santé et surtout vermifugez votre Coton tous les six mois. Si vous avez un jardin ou si vous vivez à la campagne, il est préférable de vermifuger votre Coton tous les trois mois.

Les vaccinations

La vaccination systématique du chiot assure une protection efficace et durable contre un certain nombre de maladies mortelles. Toutefois, il faut prendre quelques précautions avant de faire vacciner votre Coton. La vaccination constitue une agression pour l'organisme. Il faut donc que le chiot ou le chien soit en parfaite santé et vermifugé deux ou trois jours avant une injection de vaccin. Ne laissez pas vacciner votre chien sous prétexte que c'est la date. Si vous savez que quelque chose ne va pas, restez vigilant et soyez honnête avec votre vétérinaire, il saura vous conseiller.

Pour le chiot, l'âge idéal se situe à la fin de la septième semaine, voire de la huitième semaine. En effet, si le chien subit une vaccination trop jeune, son organisme synthétise difficilement les anticorps. Les vaccinations pratiquées à cet âge sont : la maladie de Carré, l'hépatite de Rubarth et la parvovirose (gastro-entérite transmissible).

Si sa mère a été bien immunisée, le chiot est porteur des anticorps fournis par la lactation jusqu'à l'âge des premières vaccinations.

Les principales vaccinations pour les chiens adultes sont : la maladie de Carré, l'hépatite de Rubarth, la leptospirose, la rage, la parvovirose, le typhus si vous avez des chats, la toux de chenil.

Souvenez-vous que les rappels annuels doivent être effectués durant toute la vie de l'animal.

Le toilettage

Puisque votre chien partage votre quotidien, il est nécessaire que son hygiène et son entretien soient parfaits, tant pour lui que pour votre confort.

Toilettez votre Coton sur une table : il se sent dominé et vous pourrez lui prodiguer ainsi tous les soins dont il a besoin sans qu'il rechigne.

L'entretien et l'hygiène fréquents de votre chien vous permettent de contrôler la présence d'un parasite (tique, puce, etc.) ou d'apercevoir la petite blessure qu'il se sera faite en jouant ou en gambadant dans la nature.

Depuis que j'ai des Cotons de Tuléar, j'entends dire qu'il ne faut pas baigner trop souvent un chien. Mais aujourd'hui, des shampooings très bien adaptés aux poils et à la peau de ces chers quadripèdes sont disponibles sur le marché ; il est souhaitable de se procurer le shampooing chez votre vétérinaire qui saura vous conseiller et vous fournir le produit qui convient le mieux à votre Coton et à la texture de son poil.

Le shampooing doit nourrir et vivifier le poil et la peau en respectant son acidité. Lavez donc votre Coton chaque fois qu'il est un peu gris ou malodorant. Sous la pluie, par exemple, il ne doit pas sentir « le chien mouillé ».

Bien que le Coton soit blanc, il ne se salit pas (une éleveuse de Cotons a trouvé le mot juste, elle dit qu'ils sont « autonettoyants »), il est vrai que le Coton conserve sa robe propre pendant plus de deux mois, si vous prenez soin d'éliminer avec une brosse douce, tous les deux jours, les poussières qui se déposent sur son poil.

Un brossage quotidien vous demandera cinq à dix minutes, par contre si vous le brossez une fois par semaine, il faudra y consacrer une demi-heure, mais dans ce cas, vous conserverez le sous-poil et votre Coton aura une fourrure plus volumineuse, ce qui est très recherché lors des concours et des expositions.

En effet, si vous brossez à fond votre Coton tous les jours, il n'aura pas de nœud ni de bourre mais vous lui ôterez également le duvet qui se trouve près de sa peau et fait gonfler ses poils.

Brossez-le très soigneusement une fois par semaine, en regardant sous les aisselles et derrière les oreilles si des nœuds ne se sont pas formés. Si c'est le cas, étirez le nœud entre vos doigts et la première dent du peigne avant de passer la brosse, si la bourre est trop serrée, utilisez une petite étrille, vous devez en arriver à bout sans couper les poils. Ne lavez jamais un Coton sans l'avoir démêlé auparavant.

Commencez le brossage par les pattes arrière, puis continuez le long de la cuisse du derrière et de la queue, entreprenez ensuite de la même façon les pattes avant, continuez par le poitrail, reprenez la tête, les oreilles, vérifiez bien derrière celles-ci, puis brossez les flancs et le dos. Couchez ensuite votre Coton sur le dos pour lui brosser le ventre et les aisselles. Mettez-le ensuite sur ses quatre pattes et vérifiez si les poils entourant ses pieds ne sont pas trop longs : si cela s'avère être le cas, coupez ce qui traîne sur la table tout autour des pieds pour leur donner une forme ronde.

Il est aussi d'usage de couper les poils qui poussent entre les coussinets des pattes afin que le chien sente le sol adhérer aux coussinets, sinon il marchera comme si vous lui aviez mis des chaussons — la démarche est bizarre, je vous l'assure !

Si vous avez une femelle, coupez-lui les poils autour de la vulve.

Si vous avez un mâle, coupez ceux qui se trouvent autour du fourreau du sexe et également les poils du ventre à 5 ou 6 cm, pour éviter qu'il se souille en urinant. Si malgré cela votre mâle sent l'urine, vous passerez un gant de toilette imbibé de vinaigre blanc sur ses cuisses pour le désodoriser.

Après les repas, vous passerez un gant de toilette imprégné de savon de Marseille sur les moustaches et le menton de votre chien, sauf s'il est nourri de croquettes.

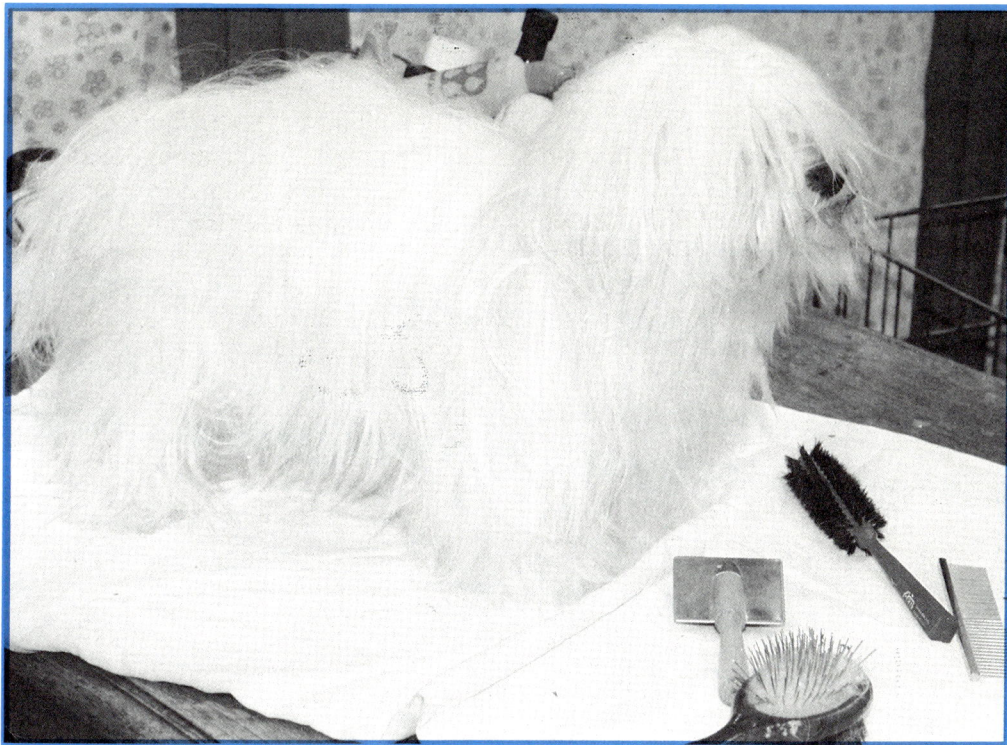

Séance de toilettage : Edelweiss de la Marnière-en-Brie. Prop. : Mme Catala

Lorsqu'il rentre tout mouillé d'une promenade sous la pluie, ne le frottez pas avec une serviette ; seule, sa fourrure est mouillée et si vous pensez le sécher dans une serviette, vous faites erreur. Vous risquez de le mouiller jusqu'à la peau en imprégnant l'eau retenue superficiellement dans la fourrure.

Gardez-le plutôt dans une pièce chaude sur une couverture, et lorsqu'il sera sec, au bout d'une heure environ, vous pourrez le brosser. Bien qu'influencés par la nature et son cycle, les Cotons ne muent pas ; lorsque vous brosserez régulièrement le chien, vous trouverez les poils morts dans la brosse. Eté comme hiver, il gardera sa fourrure épaisse. Au printemps et à l'automne, administrez-lui de la biotine. Elle joue un rôle important dans la formation de la kératine, substance essentielle à la croissance du poil.

Il est toutefois recommandé de ne pas prolonger la cure au-delà de deux semaines et d'administrer la dose en fonction du poids du chien.

Si votre chien n'a pas de problème particulier, nettoyez ses oreilles avec une lotion spéciale une fois par mois.

N'abusez pas des nettoyages avec le coton-tige, moins vous triturez les oreilles, mieux elles se portent. Vous épilerez les poils du conduit auriculaire afin éviter les otites et vous laverez le pavillon avec un peu de savon sur un gant humide.

Un toilettage spécifique ne s'impose pas pour présenter le Coton de Tuléar en exposition. Si vous le lavez pour l'occasion, il est important de le faire une semaine avant la présentation pour que son poil retrouve sa texture cotonneuse.

Les maladies

Les maladies et symptômes causés par un champignon ou parasite

LES PUCES

La présence de puces est un phénomène naturel chez les chiens. Vous n'avez pas à en avoir honte dès l'instant que vous les en débarrassez.

Pour cela, je vous propose la meilleure solution que j'ai découverte. Lavez votre chien dès que vous avez trouvé une puce avec le shampooing antipoux que vous utilisez pour votre enfant en maternelle, vous constaterez au rinçage que les intrus descendent dans la baignoire.

Renouvelez l'opération trois jours après si nécessaire.

Les puces sont à l'origine de démangeaisons, d'excitation et même d'allergies. Il est donc important de lutter contre ce parasite, pour votre Coton mais aussi pour votre confort.

Il est indispensable de passer du produit antipuces sur vos tapis et sur les endroits où repose habituellement votre chien le jour où vous donnez le bain à votre ami.

Les grattages peuvent provoquer des lésions cutanées graves et la chute des poils.

Les puces transmettent le ténia (ver de l'intestin) qui affaiblit considérablement votre animal.

LES TIQUES ET LA PIROPLASMOSE

Les tiques sont très dangereuses, après une promenade en forêt, dans les herbes sèches ou sur les aires de repos des autoroutes, brossez votre Coton raie par raie et cherchez s'il n'y a pas de tiques. Elles se plantent souvent sur les pattes et sur la tête (paupières, chanfrein, babines) du Coton. Certaines d'entres elles sont porteuses de la piroplasmose.

Les tiques sont de véritables vampires, elles attendent dans les buissons qu'un chien ou un autre animal passe dans les parages. Elles s'accrochent à son poil, lui plante leurs pièces buccales dans la peau et se gavent de son sang. Les Cotons ont la chance de posséder une épaisse fourrure qui leur garantit une bonne protection.

La piroplasmose est une maladie très grave qui apparaît vingt-quatre heures à quarante-huit heures après la piqûre de la tique. Le symptôme le plus impressionnant de la maladie est l'immense fatigue qui s'empare du chien. Il a l'air triste, il refuse de s'alimenter, il titube, a du mal à marcher, souffre de douleurs musculaires, sa température monte à 41°, les urines deviennent foncées comme du thé très fort.

Dès les premiers symptômes, ne tardez pas à conduire votre chien chez le vétérinaire, plusieurs produits actifs remettront le chien sur pattes dès le lendemain de l'injection.

Il est prudent de faire porter à votre chien un collier antiparasitaire au moment de ses promenades dans les régions infestées de tiques. Vous pouvez également le faire vacciner contre la piroplasmose à l'âge de six mois.

LES MOUSTIQUES ET LA LEISHMANIOSE

Certains moustiques, les phlébotomes, transmettent par leurs piqûres la leishmaniose. Cette maladie détruit la vitalité du Coton en différentes étapes : abattement, amaigrissement, hyperthermie et dépilation locale.

Les phlébotomes sont des parasites qui apparaissent dès la tombée de la nuit et jusqu'au lever du jour, dans les régions méditerranéennes de la France.

LES VERS ET LA TOXOCAROSE

Les vers sont des parasites internes ou endoparasites. Ce sont des ennemis tenaces et redoutables qui infestent les chiens. Il faut les combattre efficacement tous les mois chez les chiots et tous les trois à six mois pour les adultes car ils menacent la santé de votre chien et sont très difficiles à déceler.

Toxocara canis, Toxocaris leonina, Dipydium caninum, Tænio hydatigena, tels sont les noms latins de ces parasites qui rendent la vie dure à nos chiens.

Parmi les vers qui infestent le chien, le *Toxocara canis* — plus connu sous le nom d'ascaris — se caractérise par la présence de vers blanchâtres, cylindriques de 6 cm de long. Ils vivent dans l'intestin du chien qui contamine les autres chiens, les hommes et surtout les enfants par l'émission d'œufs dans les selles. Ils transmettent une maladie, la toxocarose par les semelles des chaussures et surtout par les bacs à sable.

C'est une maladie très grave et mal connue dont le traitement est fastidieux et très long, durant parfois plusieurs années.

Il n'y a pratiquement pas de symptômes, le chien souffre parfois de diarrhées ; chez le chiot le ventre est ballonné, des milliers d'œufs sont émis avec les excréments qui parasitent tout l'entourage.

Cette maladie attaque le foie et les poumons et quelquefois les yeux.

Les symptômes humains sont : fatigue durable et inexplicable, amaigrissement, diarrhées, maux de tête, vertiges, troubles visuels et manifestations allergiques.

Le traitement est long car les larves sont enkystées dans les tissus et difficiles à atteindre.

Il faut savoir que le seul moyen d'éviter ces contaminations est de faire faire au chien ses besoins uniquement dans le caniveau. Si parfois il les fait sur le trottoir ou dans le bac à sable, il faut les ramasser.

LES AOÛTATS

Les aoûtats sont des larves du trombidion, petit acarien rouge dont la larve pique les hommes mais aussi tous les vertébrés à sang chaud, donc les Cotons. Ils provoquent de vives démangeaisons et des boutons.

Certaines personnes tout comme certains chiens y restent insensibles ; ceux qui ont des aoûtats en auront tous les ans (du mois de juillet à la fin de septembre). Il faut éviter de passer sous les arbres fruitiers et il est conseillé de les traiter régulièrement.

Le traitement est prescrit par le vétérinaire : amitraz 5 ml par litre d'eau. Donnez un bain avec cette préparation qui sent fortement le goudron. Répétez trois fois ces bains à dix jours d'intervalle. Ce traitement ne peut pas être administré aux femelles en gestation.

LA TEIGNE

La teigne est une maladie de la peau qui est engendrée par des champignons microscopiques, des mycoses qui provoquent la chute des poils par des plaques spécifiques de forme circulaire très nette de 1,5 à 2 cm de diamètre et par zone. La lésion suppurante est appelée kérion.

Contrairement à la gale, elle entraîne peu de démangeaisons.

Des prélèvements et des cultures sont parfois nécessaires pour identifier l'organisme responsable. Les traitements sont efficaces mais très longs, durant de trente à quarante jours.

C'est une maladie très contagieuse, le chat la transmettra au chien qui la transmettra à son tour à l'homme. Elle est transmissible par contact direct, il faut donc isoler l'animal atteint.

LA GALE

Plus fréquente que la teigne, il en existe deux sortes : la *gale sarcoptique* et la *gale démodécique* qui touche surtout les jeunes animaux. Elles sont causées par des parasites microscopiques qui déclenchent une forte démangeaison, la femelle sarcopte va pondre ses œufs sous la peau. Elle choisit les endroits où l'épiderme est très fin, derrière les oreilles, les aisselles, etc.

Le chien se gratte énergiquement, ce qui provoque des boutons sur lesquels se forme une croûte, le poil tombe aux endroits atteints. Ces parasites peuvent se transmettre à l'homme.

Le traitement est composé d'amitraze en bain ou d'ivermectine en injection sous contrôle vétérinaire.

LA GALE DES OREILLES

C'est un petit acarien, un parasite microscopique appelé *Otodecte cynotis* qui la provoque. L'affection est contagieuse d'un chien à l'autre. Vous pouvez observer dans le conduit auriculaire un suint brunâtre et le pavillon de l'oreille est irrité, voire rouge.

Le chien se gratte fréquemment l'oreille ou les oreilles ; il est sage de consulter un vétérinaire rapidement afin de traiter spécifiquement et sans trop de difficultés. Il est assez facile de s'en débarrasser si elle est traitée dès le début de l'affection.

Si vous ne soignez pas rapidement avec un antibiotique en application locale, cette affection irritante laissera des séquelles en préparant un terrain d'otites. Si le chien est laissé sans soins avec ces parasites, il se retrouvera avec un moignon d'oreille.

Les maladies causées par un virus ou une bactérie

LA MALADIE DE CARRÉ

C'est une maladie qui atteint essentiellement les jeunes.

Elle est due à un virus. L'incubation est de trois à sept jours. Les symptômes sont au nombre de sept : catarrhe oculo-nasale (pus dans les yeux et dans les narines), fièvre en plateau (hyperthermie), toux, problèmes respiratoires, problèmes nerveux, diarrhée, problèmes digestifs.

Quatre de ces symptômes sont nécessaires au diagnostic. L'évolution est de trois à cinq semaines avec soit une guérison complète, soit une guérison avec séquelle (paralysie), soit la mort.

La vaccination se fait à l'âge de deux mois avec une deuxième injection trois à quatre semaines plus tard, puis un rappel chaque année.

L'HÉPATITE DE RUBARTH

L'hépatite de Rubarth est due à un virus. L'incubation dure de trois à six jours. Les symptômes sont l'hyperthermie, la gastro-entérite, l'œdème cornéen.

Une première injection doit être effectuée à deux mois, suivie d'une autre trois à quatre semaines après, puis un rappel annuel.

LA RAGE

La rage (anthropozoonose) est due à un virus neurotrope.

C'est une maladie réputée légalement contagieuse donc soumise à une législation très sévère.

L'incubation varie de quinze à soixante jours en moyenne mais les extrêmes vont de cinq jours à six ans.

Les symptômes sont l'encéphalomyélite (modification du comportement et de la voix), l'hyper ou l'hypoesthésie cutanée (sensibilité ou non sensibilité extrême), l'accès de fureur, la paralysie.

La mort survient entre deux et dix jours, cinq jours est le délai le plus habituel entre le premier symptôme nerveux et la mort.

La vaccination contre la rage est obligatoire depuis la loi du 22 juillet 1989. Avant cette loi, elle n'était obligatoire que dans les départements officiellement infestés de rage et ce depuis le 2 novembre 1957.

La primovaccination est impérative. Elle s'effectue à trois mois puis un mois après la première injection, ensuite un rappel annuel est à faire.

En dehors du vaccin préventif, il n'existe pas de traitement.

La rage est contagieuse. L'homme peut l'attraper. En cas de morsure, désinfectez très soigneusement la plaie car il ne faut pas oublier les risques de contamination rabique et de tétanos. Une morsure de chien peut provoquer également des septicémies et même des méningites.

N'oubliez donc pas de faire vacciner votre chien. Le chien qui a mordu est tenu à une surveillance vétérinaire, trois visites à sept jours d'intervalle.

Lors de chaque examen, le vétérinaire délivrera un certificat attestant que le chien ne présente aucun signe de la rage.

Un accident est si vite arrivé... Les combats entre chiens ne sont pas rares, surtout chez les dominants. Chaque année un bon nombre de chiens de petites races sont victimes de morsures de chiens puissants tels que le Berger allemand, le Dobermann, etc. Aussi lorsque vous promenez votre Coton, ne tentez pas le diable, retenez-le à l'approche d'un molosse et si votre femelle est en chasse, ne la sortez pas, cela vous évitera bien des tracas et des frayeurs.

LA PARVOVIROSE

Cette maladie est provoquée par un virus. L'incubation est de trois à quatre jours. Les symptômes sont l'anorexie (refus de se nourrir), la prostration, la diarrhée hémorragique, les vomissements, la déshydratation importante.

La mort survient entre deux et cinq jours.

Il y a guérison pour ceux qui passent le cap des cinq jours.

La vaccination se fait entre la sixième et la huitième semaine puis une deuxième injection trois à quatre semaines après la première, et un rappel annuel.

LA LEPTOSPIROSE

Il s'agit d'une maladie très grave pour le chien mais l'homme peut la contracter également. Elle est très répandue parmi les animaux sauvages, surtout chez les rongeurs qui transmettent la bactérie dans leur urine. Ainsi, ils constituent à eux seuls la source la plus importante des leptospiroses les plus dangereuses. 70 % des rats peuvent être infectés. A la campagne, les hérissons, les campagnols et autres rongeurs hébergent la bactérie et infestent la nature, les étangs et les rivières ; les eaux polluées contaminent les mammifères domestiques, vaches, moutons, chèvres, chevaux et naturellement les chiens.

Il existe divers types de leptospirose et tous sont transmissibles à l'homme. Les égoutiers, les éboueurs, les agriculteurs sont les plus exposés.

L'incubation est de cinq à six jours. Les symptômes sont la gastro-entérite hémorragique, l'ictère (jaunisse), la néphrite, les vomissements. Le chien meurt dans d'atroces souffrances.

La vaccination se fait à l'âge de trois mois, une deuxième injection s'effectue un mois après la première, puis un rappel chaque année est nécessaire. Cette vaccination n'est pas efficace à 100 %.

La maladie est diagnostiquée par des examens sanguins et urinaires, la gravité de la maladie sera constatée et si elle n'est pas très avancée, la guérison est possible. Les antibiotiques et les perfusions réhydratantes sont les remèdes les plus efficaces car le sérum spécifique est peu actif et la guérison reste très rare, surtout si votre chien est de faible constitution ou s'il n'a pas été vacciné auparavant.

LA TOUX DE CHENIL

La toux de chenil est due à un virus plus une bactérie fréquente dans les élevages en chenil. Les symptômes sont la toux et la pneumonie. La vaccination se fait à l'âge de six semaines, une deuxième injection trois ou quatre semaines après la première, puis un rappel annuel.

Quelques autres maladies

LA CATARACTE

La cataracte est l'opacification du cristallin : le chien voit moins net, il a comme un voile devant les yeux.

Elle est consécutive à une inflammation, à un traumatisme mais le plus souvent, elle est due au vieillissement du chien.

Son évolution est lente mais inéluctable. Les traitements médicaux peuvent, tout au plus, ralentir son évolution mais sûrement pas la stopper et encore moins la faire régresser. La vue du chien baisse au fil du temps jusqu'à la cécité totale.

Lorsque l'opacification est presque complète et si la fonction rétinienne est restée intacte, une intervention chirurgicale est envisageable.

Tous les vétérinaires ne pratiquent pas cette intervention délicate, pratiquée au laser mais bénigne et très au point. Il vous faudra sans doute vous déplacer assez loin mais cela en vaut la peine car votre chien retrouvera la vue.

L'AMAUROSE

L'amaurose est la perte totale, temporaire ou définitive de la vue à la suite d'une atteinte nerveuse, l'œil étant parfaitement intact.

Il faut savoir que si l'activité visuelle baisse à la tombée de la nuit ou avec la baisse de l'intensité lumineuse, le chien souffre d'« héméralopie » provoquée souvent par le manque en vitamine A ou par une dégénérescence de la rétine. Cette affection peut être traitée efficacement. L'avis d'un ophtalmologue et d'un vétérinaire spécialiste vous sera d'un grand secours.

L'INSUFFISANCE RÉNALE

Le premier signe est une baisse de forme et une soif continuelle. Cette affection conduit immanquablement à la crise d'urémie laquelle a la particularité de se déclarer tardivement. A peu près 80 % des fonctions rénales peuvent être détruites définitivement.

Les troubles digestifs observés dans cette maladie n'ont rien à voir avec une éventuelle ingestion de poils ou d'herbe avalée pour nettoyer l'estomac.

L'urée rend apathique, fait vomir et provoque une accélération de la respiration au stade final, les poumons prennent le relais des reins défaillants pour éliminer l'urée, d'où l'haleine fétide, « urineuse ».

Les traitements ne sont pas possibles, seule la greffe de rein pourrait sauver le chien mais pour l'instant la science ne maîtrise pas encore le rejet du greffon. Si la maladie est diagnostiquée assez tôt (par une prise de sang), un traitement et un régime strict peuvent avoir de grandes chances de succès mais ils devront être poursuivis tout au long de la vie du chien.

LES KYSTES OVARIENS OU UTÉRINS

Le kyste ovarien est suspecté lorsque la chienne n'a pas de chaleur ou inversement y est en permanence.

Le kyste utérin peut être volumineux et détectable par palpation, il provoque des métrites.

Il peut provenir d'un avortement incomplet ou d'un mauvais fonctionnement des ovaires, tandis que le kyste ovarien est dû à une mauvaise évolution de la folliculine.

Dans les deux cas, votre vétérinaire saura faire le diagnostic et traiter avec compétence.

Kyste ovarien. **Photo : ENVA**

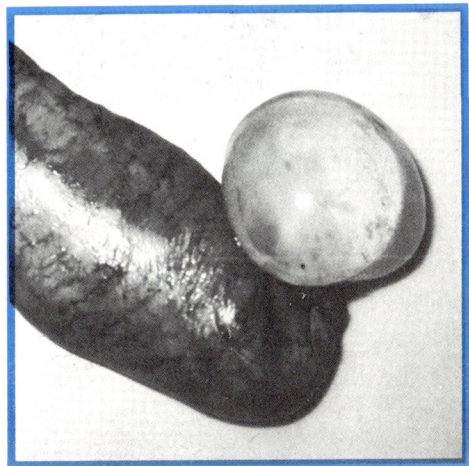

L'ÉPILEPSIE

A la suite d'anesthésie faisant appel à des produits contenant des « épilepto-gènes », des effets secondaires, tels que des crises appelées eidolies hallu-cinosiques, surviennent. Cela ressemble à des crises d'épilepsie.

Ce phénomène se produit quand il y a d'une part un réveil confus et pertur-bé après ce type d'anesthésie et d'au-tre part, la lésion d'un courant senso-riel ou de la zone encéphalique lui correspondant. Il faut s'entourer de précautions pour l'éviter.

Dans d'autres cas, l'épilepsie latente peut être liée à un choc chirurgical après une intervention. Dans ces deux cas, ils s'agit d'épilepsie latente. C'est une affection relativement fréquente chez le chien et la cause demeure inconnue pour l'instant.

Certaines formes d'épilepsie très gra-ves sont appelées par le vétérinaire le « grand mal » et là aucun remède ne peut parvenir à sauver l'animal.

La diarrhée et la déshydratation (con-séquence directe) peuvent provoquer des lésions cérébrales entraînant l'épi-lepsie.

Se déplacer avec un Coton

Si vous vous rendez au bord de la mer avec votre Coton, sachez que le sel et le sable ne sont pas recommandés pour sa fourrure ni pour sa peau. Il faudra donc le doucher à l'eau douce après chaque sortie à la plage.

A la campagne et dans tous les endroits secs, attention aux épillets (appelés aussi herbes folles) qui s'enfilent partout et peuvent remonter le long d'une veine ou se glisser dans une oreille. Si cela arrivait, consultez très rapidement un vétérinaire. Les fils barbelés sont également très dangereux, s'il s'agit d'une petite blessure, vous apprécierez d'avoir emporté une trousse de secours. Bien sûr, si la plaie est importante, vous consulterez un vétérinaire.

En prévision de tous ces petits maux, dès votre arrivée, consultez la liste des vétérinaires de la région.

En vacances, vous essaierez de ne pas trop bousculer les habitudes de votre Coton, vous lui donnerez ses repas aux mêmes heures et si vous le pouvez, toujours au même endroit. Votre

Le Coton, compagnon de tous les instants : Elsy à M. et Mme Petit

Coton devra retrouver sa couverture, son « dodo » et ses jouets.

A l'hôtel

Le Coton de Tuléar est facile à emmener partout avec soi : il est petit, sage et obéissant, il aboie peu et peu d'hôtels le refusent. Lorsque l'hôtelier le voit arriver, il vous prévient que vous aurez à payer « tant » pour le chien, en fait lorsque vous quittez l'hôtel, rien n'est compté sur votre facture concernant le Coton car il est passé inaperçu, il a été si sage que l'hôtelier sourit en le voyant quitter les lieux avec vous. Ce comportement n'est sans doute pas systématique, mais cela m'est arrivé fréquemment.

La garde

Si vous ne pouvez pas emmener votre compagnon avec vous, prévoyez à l'avance qui vous le gardera. Si ce sont des amis ou des parents qui acceptent de l'accueillir, ce sera parfait car il sera sur un terrain de connaissance, le temps lui semblera moins long. Les chiens ne se rendraient pas compte qu'un jour ou une semaine ont passé, qui pourrait l'affirmer !

L'on ne sera jamais assez attentif, lorsque l'on fait garder son Coton.

Si vous devez laisser votre Coton dans un établissement de gardiennage, il devra être tatoué et ses vaccins à jour.

Présentez-le quelques jours avant la date prévue pour la garde et restez avec lui plusieurs heures dans ce nouvel endroit. Le choc de la séparation peut être suffisant pour entraîner une série de troubles psychiques.

Habituez votre Coton à son nouvel entourage et à ses nouveaux soigneurs, le jour de votre départ, votre compagnon sera moins surpris et attendra votre retour avec patience.

Les transports

EN VOITURE

Habituez votre chiot à la voiture très jeune.

Si votre Coton a le mal des transports, vous trouverez le produit qui lui convient chez votre vétérinaire, il sera légèrement somnolent pendant le voyage mais il ne sera pas malade.

Deux heures avant le départ, donnez-lui une nourriture légère. Tout au long du voyage, surtout s'il dure plusieurs heures, vous laisserez votre Coton se dégourdir les pattes en faisant des arrêts toutes les deux heures et vous lui donnerez de l'eau s'il a soif mais aucune nourriture.

Si votre voyage doit durer plusieurs jours ou se fait par étapes, nourrissez votre Coton avec des croquettes, c'est très pratique, encore faut-il qu'il y soit habitué. Sur les aires de repos des autoroutes, tenez-le en laisse, dans cet univers inconnu il pourrait prendre peur, s'enfuir ou se faire écraser.

N'oubliez pas que tout chien doit voyager à l'arrière de votre véhicule, isolé des passagers par un grillage ou un filet. Si le maître garde son Coton à ses côtés, il peut se voir dresser un procès-verbal.

EN TRAIN

Votre cher petit doit voyager dans un sac de transport pour bénéficier d'un tarif modique, le contrôleur ne vous réprimandera pas si vous l'avez pris sur vos genoux, le Coton de Tuléar est si petit.

Sachez que le fait que votre ami voyage dans le compartiment n'est pas un droit, il doit être accepté par les autres voyageurs et il lui est interdit de monter sur les sièges.

Si votre chien doit voyager seul, renseignez-vous auprès des services express de votre gare. Il est prévu un transport rapide des animaux en train de voyageurs.

EN AVION

Selon le poids de votre Coton, il voyagera dans une petite cage de transport comme bagage à main auprès de vous ou, s'il dépasse le poids accepté par la compagnie, il voyagera toujours en cage mais dans la soute.

Renseignez-vous avant de partir.

Pour chacun de ces voyages, ne laissez pas la laisse de votre compagnon à son cou, car en effet il risquerait de s'étrangler.

EN BATEAU

Les chiens en général sont bien accueillis avec leur maître à bord, moyennant des tarifs et des modalités de voyage propre à chaque compagnie.

Là aussi, il faudra vous renseigner auprès de la compagnie avant de partir.

A l'étranger

Avant de vous rendre à l'étranger, renseignez-vous à l'avance auprès de la Direction des douanes ou au consulat du pays que vous allez découvrir sur les conditions d'introduction des animaux dans ce pays. Reportez-vous à titre indicatif au tableau « Passage des frontières » figurant à la fin de l'ouvrage.

Si vous déménagez

S'il vous arrive de devoir déménager, votre Coton connaîtra une période de transition, il prendra de nouveaux repères et s'adaptera très rapidement à cette nouvelle demeure, il prendra de nouvelles habitudes et retrouvera très vite son équilibre.

Si vous quittez la campagne pour la ville, pensez à le sortir souvent et longuement car il avait l'habitude auparavant de gambader dans la nature.

S'il se retrouve enfermé subitement, il n'appréciera pas cette existence de captif.

Si c'est l'inverse qui se produit, vous quittez la ville pour aller à la campagne, alors vous ne rencontrerez aucune difficulté, l'adaptation sera immédiate car le Coton a besoin d'activité.

Entre le Coton laissé seul huit heures par jour dans le jardin d'un pavillon et le Coton promené une heure par jour, c'est le second qui aura les meilleures conditions de vie !

La cynophilie officielle

L'identité de votre Coton

Vous saurez reconnaître votre Coton mais vous pouvez le perdre, il peut fuguer ou s'égarer. Pour le retrouver facilement veillez à ce qu'il soit tatoué, fixez une plaque d'identité à son collier avec votre numéro de téléphone. Si votre Coton est inscrit au Livre des origines français (LOF), il aura un certificat de naissance.

Seuls les Cotons inscrit au LOF pourront obtenir l'inscription de leur descendance car la confirmation est obligatoire pour les reproducteurs des deux sexes.

La carte de tatouage

Le tatouage de chiens a débuté en France 1971.

Tous les chiens devraient être tatoués, cela évite bien des pertes car ils sont répertoriés au fichier central de la SCC, c'est la carte d'identité du chien de race, du corniaud ou du bâtard.

Pour tous les chiens inscrits au LOF, pour ceux vendus dans des établissements spécialisés, pour le transit des chiens, le ministère de l'Agriculture exige le tatouage. Celui-ci est pratiqué sur demande des propriétaires par des personnes habilitées qui sont d'une part les vétérinaires praticiens et d'autre part des éleveurs canins présentant les conditions d'aptitude exigées. Ils doivent être titulaires d'une autorisation accordée par le ministère de l'Agriculture, sur la proposition de la SCC.

Les matériels et procédés utilisés doivent assurer une parfaite inscription démographique, lisible et permanente, des numéros et des lettres du tatouage.

Le tatouage peut être valablement effectué sur un Coton dès l'âge de huit semaines.

L'affixe

S'il est un bon point pour l'éleveur, il n'est pas un « label de qualité », il est un titre de l'élevage correspondant à l'élevage de monsieur X., de madame Y.

Lorsqu'un éleveur possède un affixe, cela signifie qu'il est membre du Club

SOCIÉTÉ CENTRALE CANINE

pour l'Amélioration des Races de Chiens en France

FÉDÉRATION NATIONALE AGRÉÉE PAR LE MINISTÈRE DE L'AGRICULTURE

(Décret du 26-2-1974, Arrêté du 22-5-1969)

Reconnue d'Utilité Publique

Membre de la Fédération **FCI** cynologique internationale

PEDIGREE

Livre des Origines Français

(L.O.F.)

Inscrit au Registre des Livres Généalogiques du MINISTÈRE de L'AGRICULTURE FRANÇAIS

155 Avenue Jean - JAURES - 93535 AUBERVILLIERS CEDEX

(doit obligatoirement être remis en même temps que le chien en cas
de changement de propriétaire)

NOM DU CHIEN:

RACE:

SEXE:

ROBE:

POIL: TAILLE:

NÉ LE: TATOUAGE:

PROPRIÉTAIRE: DÉLIVRÉ A AUBERVILLIERS
LE:

PRODUCTEUR:

GÉNÉALOGIE

Arrière Grand PÈRE Arrière Grand MÈRE

Grand
PÈRE

Grand
MÈRE

Arrière Grand PÈRE Arrière Grand MÈRE

PÈRE

MÈRE

Arrière Grand PÈRE Arrière Grand MÈRE

Grand
PÈRE

Grand
MÈRE

Arrière Grand PÈRE Arrière Grand MÈRE

Société Centrale Canine

DÉCLARATION DE NAISSANCE
(VOIR INSTRUCTIONS DÉTAILLÉES AU VERSO)

Société Centrale Canine

POUR L'AMÉLIORATION DES RACES DE CHIENS EN FRANCE
Fédération Nationale agréée par le Ministre de l'Agriculture
(Décret du 26.2.1974 - Arrêté du 22.5.1969)
Reconnue d'utilité publique
155, Avenue Jean-Jaurès - 93535 AUBERVILLIERS CEDEX
LIVRE DES ORIGINES FRANÇAIS (L.O.F.)

DOSSIER N°
RÉF. E/A
ÉMIS LE :
DÉCLARATION REÇUE LE :
PORTÉE INSCRITE LE :
CADRE RÉSERVÉ A LA S.C.C.

A ADRESSER A LA S.C.C. PAR LE PROPRIÉTAIRE DE LA CHIENNE :
- DANS LES 2 SEMAINES SUIVANT LA NAISSANCE
- EN UN SEUL EXEMPLAIRE
- MÊME SI LA SAILLIE EST SANS SUITE

ÉLEVEUR, PROPRIÉTAIRE DE LA CHIENNE :

AFFIXE :

RACE :

DATE DE SAILLIE :

DATE DE NAISSANCE : JJ MM AA

NOMBRE DE CHIOTS NÉS : DONT MALES ET FEMELLES :

CHIENNE

ÉTALON

ADRESSE DE VISITE DE LA PORTÉE ET DE LA CHIENNE SI DIFFÉRENTE DE L'ADRESSE ÉLEVEUR :

JE SOUSSIGNÉ, CERTIFIE LA COMPLÈTE EXACTITUDE DES PRÉSENTES DÉCLARATIONS, ET M'ENGAGE A DONNER TOUTES FACILITÉS AUX CONTRÔLEURS AGRÉÉS PAR LA S.C.C.

DANS LE CADRE DU SERVICE « BANQUE INFORMATION », DE LA S.C.C. LES INFORMATIONS RELATIVES A CETTE PORTÉE SONT SUSCEPTIBLES D'ÊTRE COMMUNIQUÉES AUX ACQUÉREURS ÉVENTUELS DE CHIOTS - MAIS AVEC VOTRE ACCORD - (CONFER VERSO). SI OPPOSITION DE VOTRE PART, ÉCRIRE « NON ». DANS CETTE CASE

SIGNATURE DE L'ÉLEVEUR :

A   le

IMPRIMÉ A RETOURNER A LA S.C.C. MÊME SI LA SAILLIE EST SANS SUITE.

Société Centrale Canine

POUR L'AMÉLIORATION DES RACES DE CHIENS EN FRANCE
Fédération Nationale agréée par le Ministre de l'Agriculture
(Décret du 26.2.1974 - Arrêté du 22.5.1969)
Reconnue d'utilité publique
155, Avenue Jean-Jaurès - 93535 AUBERVILLIERS CEDEX
LIVRE DES ORIGINES FRANÇAIS (L.O.F.)

DEMANDE D'INSCRIPTION DE PORTÉE
AU LIVRE DES ORIGINES FRANÇAIS

DOSSIER N°
RÉF. E/A
ÉMIS LE :

CHIENNE

ÉTALON

AFFIXE :

PORTÉE NÉE LE : JJ MM AA

A REMPLIR COMPLÈTEMENT ET LISIBLEMENT PAR LE PRODUCTEUR QUI DOIT SE RÉFÉRER AUX INSTRUCTIONS ÉCRITES AU VERSO

	NOM DES CHIOTS (en majuscules)	SEXE	CODE	COULEUR DE LA ROBE	POIL	TATOUAGE
1						
2						
3						
4						
5						
6						
7						
8						
9						
10						
11						
12						
13						
14						

NOMBRE DE CHIOTS A INSCRIRE

DROIT D'INSCRIPTION PAR CHIOT

MONTANT DU   F

TABLE DES COULEURS DE LA ROBE DANS LA RACE

CODES	COULEURS	CODES	COULEURS

CI-JOINT ENVOI GROUPÉ
1 : ☐ VOLETS TATOUAGE
2 : ☐ RÉGLEMENT PAR :
☐ CH. BANCAIRE
☐ CH. POSTAL 3 VOLETS
☐ MANDAT-LETTRE
☐ MANDAT-CARTE
Pour accord
l'éleveur :
A
LE

Signature.

SPECIMEN

SOCIETE CENTRALE CANINE

pour l'Amélioration des Races de Chiens en France

FÉDÉRATION NATIONALE AGRÉÉE PAR LE MINISTÈRE DE L'AGRICULTURE

(Décret du 26-2-74, Arrêté du 22.9.1969)

RECONNUE D'UTILITÉ PUBLIQUE

Membre de la Fédération **FCI** cynologique internationale

LIVRE DES ORIGINES FRANCAIS

(L.O.F.)

Inscrit au Registre des Livres Généalogiques du MINISTÈRE de L'AGRICULTURE FRANÇAIS

CERTIFICAT DE NAISSANCE

Le présent "Certificat de Naissance" ne peut tenir lieu de "Pedigree définitif", lequel sera établi lorsque le chien arrivé à l'âge requis pour sa race aura satisfait à l'examen de confirmation (art. 4 et 5 - 1° - du Décret du 26 février 1974). Le "Pedigree définitif" est obligatoire pour que les produits issus de ce chien puissent obtenir à leur tour un "Certificat de Naissance".

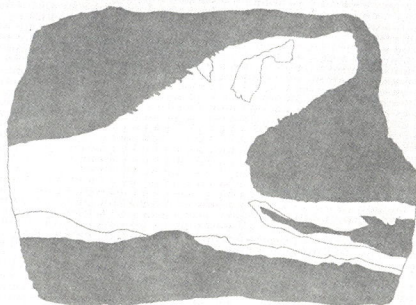

155 Av. Jean Jaurès - 93535 AUBERVILLIERS Cedex

(doit obligatoirement être remis en même temps que le chien en cas de changement de propriétaire)

CASE à remplir par l'Expert Confirmateur de la S.C.C.

(Conjointement avec le formulaire d'Examen de Confirmation)

LIEU DE L'EXAMEN	DÉCISION	MOTIF EN CAS D'INAPTITUDE
	APTE - INAPTE - AJOURNÉ (rayer la mention inutile)	(où date à représenter en cas d'ajournement)
Date :	à la confirmation.	
	SIGNATURE DE L'EXPERT,	
Nom de l'Expert S.C.C. :		

Si le chien est déclaré "Apte", le propriétaire doit, pour obtenir le "Pedigree définitif" adresser à la Société Centrale Canine, 155 Av. Jean Jaurès, Aubervilliers, le présent certificat de naissance accompagné du formulaire d'examen de confirmation, signé par l'Expert. (Voir instructions au verso du formulaire).

PRIX ET RÉCOMPENSES OBTENUS

PROPRIÉTAIRES SUCCESSIFS

DOIT ÊTRE PRÉSENTÉ
AVEC LE CERTIFICAT DE NAISSANCE
ET LA CARTE DE TATOUAGE

SOCIETE CENTRALE CANINE

155, avenue Jean Jaurès — 93535 AUBERVILLIERS CEDEX (Décret n° 74-195 du 26 février 1974)

**FORMULAIRE
D'EXAMEN DE CONFIRMATION**
(Voir instructions au verso)

Réservé à S.C.C.

A) - IDENTITÉ rapportée d'après le certificat de naissance par le propriétaire

RACE : _____

N° L.O.F. |_____|

Nom du chien : _____

SEXE : _____ N° TATOUAGE RÉFÉRENCÉ FICHIER CENTRAL : |_____|

Couleur de la robe : _____

Nature du poil : _____   Taille : ___

Date de naissance : |____| |____| |____|

PÈRE DE L'ANIMAL : N° L.O.F. : |_____|

   Nom du chien : _____

MÈRE DE L'ANIMAL : N° L.O.F. : |_____|

   Nom du chien : _____

B) - DEMANDE (A remplir par le propriétaire)

Je soussigné : M., Mme, Mlle _____

Nom : |_____|

Prénom : |_____|

Adresse : |_____|

|_____|

Code Postal   Ville

Certifie être propriétaire du chien ci-dessus identifié et demande qu'il subisse l'examen en vue de sa confirmation.

Signature,

TRÈS IMPORTANT
En aucun cas, ne séparer
les 2 feuillets pour
l'envoi à la S.C.C.

C) - CERTIFICAT (A établir par l'expert de la S.C.C.)

Je soussigné : _____
Expert de la S.C.C., certifie avoir examiné le chien
ci-dessus identifié et le déclare :
APTE - (TRÈS BON - BON - ASSEZ BON)
INAPTE - (Rayer les mentions inutiles)

CODE COULEUR |_____|

MOTIF : en cas d'INAPTITUDE (à reporter sur le
certificat de naissance) : _____

_____

_____

Lieu : _____   Date : _____

EN CAS D'APTITUDE
ce certificat est valable
UN AN

Signature,

SOCIETE CENTRALE CANINE
POUR L'AMÉLIORATION DES RACES DE CHIENS EN FRANCE

Fédération nationale agréée par le ministère de l'Agriculture

155, avenue Jean-Jaurès - 93535 AUBERVILLIERS Cedex

LIVRE DES ORIGINES FRANÇAIS

INSCRIT AU REGISTRE DES LIVRES GÉNÉALOGIQUES
DU MINISTÈRE DE L'AGRICULTURE FRANÇAIS

Réservé à la S.C.C.

Dossier :

Certificat reçu le :

CERTIFICAT DE SAILLIE
à adresser à la S.C.C. par le propriétaire de la chienne dans les **4 semaines** suivant la saillie

PROPRIÉTAIRE DE LA CHIENNE | N° ÉLEVEUR

NOM M. Mme Mlle _____ PRÉNOM _____

ADRESSE _____

CODE POSTAL _____ VILLE _____

AFFIXE _____

TÉLÉPHONE : _____ D'accord pour communication par la S.C.C. OUI NON (Rayer la mention inutile)

ADRESSE DE VISITE DE LA CHIENNE SI DIFFÉRENTE DE L'ADRESSE **PROPRIÉTAIRE**

DATE DE SAILLIE

JOUR   MOIS   AN

PROPRIÉTAIRE DE L'ÉTALON
Nom _____
Prénom _____
Rue _____
Localité _____
Ville _____
Code postal _____

LA CHIENNE

RACE : _____
N° LOF : _____
NÉE LE: _____
NOM : _____

TAILLE : (*) _____
ROBE : _____
POIL : _____

N° TATOUAGE _____

* Préciser en centimètres pour les caniches et les spitz

L'ÉTALON

RACE : _____
N° LOF : _____
NÉ LE : _____
NOM : _____

TAILLE : (*) _____
ROBE : _____
POIL : _____

N° TATOUAGE _____

* Préciser en centimètres pour les caniches et les spitz

ascendance de la CHIENNE

PÈRE : _____
N° LOF _____

MÈRE : _____
N° LOF _____

ascendance de l'ÉTALON

PÈRE : _____
N° LOF _____

MÈRE : _____
N° LOF _____

Pour accord du PROPRIÉTAIRE DE LA CHIENNE qui s'engage par ailleurs à laisser libre accès à son élevage en cas de contrôle par la S.C.C.

A _____ le _____ 19 ___

SIGNATURE

Je certifie l'exactitude des présentes déclarations
LE PROPRIÉTAIRE DE L'ÉTALON

SIGNATURE

ATTENTION — LIRE ATTENTIVEMENT LES INSTRUCTIONS FIGURANT AU VERSO.

du Coton de Tuléar et que la présidente a donné et signé son accord.

Ne sont pas accordées les demandes d'affixe aux éleveurs qui se sont distingués par des actions condamnables sur le plan de leur comportement général, sur le plan cynologique et moral.

L'affixe est accordé si l'on a déjà au moins deux années d'élevage. Il signifie que l'éleveur ne s'engage à produire que des Cotons inscrits au LOF et qu'il accepte toute visite de contrôle. Pour un éleveur, le fait d'avoir un affixe est « bon signe » car il manifeste aussi le désir de suivre ce que deviennent ses chiots.

Si plusieurs races sont produites par le même éleveur, toutes ses races possèdent le même affixe, cet éleveur peut être bon dans l'une de ces races et médiocre dans une autre.

La déclaration de saillie

Lorsque l'on veut reproduire, et que l'on veut des Cotons avec pedigree, le propriétaire de la lice déclare la saillie à la SCC dans les quatre semaines qui suivent la date de la saillie. La SCC lui adresse alors un imprimé en vue des déclarations des naissances.

Après la naissance des chiots, l'éleveur fait une demande d'inscription au Livre des origines pour toute la portée en envoyant cet imprimé. Il reçoit alors les certificats de naissance (inscription provisoire au LOF) de chacun des chiots.

Attention ! Ce document n'est pas un pedigree, le Coton devra passer à l'âge de douze mois, ou au-delà, un examen de confirmation devant un juge, à l'issue duquel il sera inscrit ou non au LOF et obtiendra ou non son pedigree.

L'examen de confirmation

La confirmation a pour but de déterminer si la morphologie du Coton est bien conforme au type de la race, de vérifier que le Coton est bien équilibré (ni agressif ni peureux), de contrôler qu'il n'est pas porteur des défauts éliminatoires décrits dans le standard de la race et qu'il est autorisé à reproduire.

Seules les associations membres de la SCC sont autorisées à organiser l'examen de confirmation. Le juge qui examine le Coton à confirmer doit être de nationalité française.

La confirmation est obligatoire pour les reproducteurs des deux sexes, elle peut avoir lieu à partir de douze mois.

Par dérogation, la confirmation n'est pas obligatoire dans les départements et territoires d'outre-mer, mais ces Cotons ne pourront être utilisés comme reproducteurs sur le territoire métropolitain qu'après y avoir subi l'examen de confirmation.

Les confirmations doivent être demandées lors de l'inscription à une manifestation de toutes races organisées par les expositions régionales ou au siège du Club du Coton de Tuléar à

Cocoune et Dayane. Prop. : Mme Göncz

l'occasion de la réunion annuelle (fin juin) ou sur rendez-vous.

Le pedigree

C'est l'inscription au Livre des origines français créée en 1885 par la Société centrale canine pour l'amélioration des races de chiens en France.
Beaucoup de novices confondent le pedigree avec la carte de tatouage. Petite anecdote personnelle : récemment une amie m'annonce très fière : « Je viens d'acheter un chien avec papiers ! » Je lui demande de me laisser les consulter, et bien, il s'agissait simplement de la carte de tatouage.
Le désir de posséder un Coton de pure race est parfaitement légitime, aussi lorsque vous achetez un chiot de deux mois, seul le certificat de naissance vous sera délivré, c'est lorsqu'il aura un an et plus après confirmation que votre Coton obtiendra son pedigree, il faut bien comprendre ces étapes.

Cypion de la Ferme de Bannay. Prop. : Mme Raymonde Catala

Dayane de la Ferme de Bannay et sa fille Funny de la Ferme de Bannay

Deux Cotons très attentifs : en haut Chiffon à Mlle Jacqueline Vasserot, et en bas Feather de la Ferme de Bannay à Mme Ramet

Les expositions

Généralités

Les expositions canines sont des manifestations de rendez-vous de propriétaires de chiens qui désirent présenter leurs compagnons dans le but de les faire connaître aux autres éleveurs de la race, mais également pour décrocher le meilleur titre de sélection pour leurs animaux.

Il existe de multiples disciplines capables de satisfaire les différents publics (sauvetage, agility, guide d'aveugles, etc.). Tous les cynophiles peuvent y admirer la plupart des races reconnues, y découvrir les plus rares, représentées par quelques sujets.

Dans ces manifestations, l'entrée des chiens de visiteurs n'est malheureusement pas autorisée. Les exposants sont tenus au respect des règlements des organisateurs et des services vétérinaires. Les chiens présents dans l'enceinte de l'exposition doivent avoir satisfait aux formalités sanitaires.

Une ambiance toute particulière règne lors de ces démonstrations, beaucoup de relations amicales se forment, la

En piste : T'Baloo présentée par Mme Raymonde Catala et appartenant actuellement à M. Lionel Coudre. Dans les coulisses : Boogy Bill à Mme Millon

conversation est toujours portée sur les chiens et notamment sur la race dont chacun présente au moins un spécimen. Une certaine euphorie parcourt chaque exposant, chacun a un comportement totalement différent de celui qu'il a à l'extérieur. L'un donne son meilleur « truc » pour bien toiletter le chien, l'autre, la bonne combine pour alimenter son étalon,

« la croquette X » est meilleure que la « croquette Z »... Toute la journée se passe à papoter dans l'attente de présenter son chien.

Si vous décidez un jour de présenter votre Coton en exposition, ne manquez pas d'assister au défilé organisé à l'occasion du jugement des vainqueurs de chaque race pour l'attribution du titre de meilleur de groupe, suivi de l'élection du meilleur du jour. Le titre de meilleur chien de l'exposition est un moment privilégié, les visiteurs pouvant apprécier la présentation des diverses races. Chacun retient son souffle, tant l'enjeu et le suspens sont grands !

T'Baloo et Boogy Bill et les autres

Comment accéder au championnat

Les expositions permettent de faire connaître votre Coton et de le faire apprécier par toute l'assistance. Vous aurez la possibilité de comprendre quel est le type recherché par le standard, vous connaîtrez les qualités mais aussi les défauts de votre Coton. Pourtant, pour un néophyte, les expositions sont parfois décevantes : il faut savoir que la façon de présenter son Coton est la première leçon que vous enseignera cette manifestation. Un Coton bien présenté attire le regard du juge et si celui-ci a le coup de foudre pour l'allure et la démarche de votre chien, lorsque vous le présenterez sur la table du juge, si votre Coton n'a pas de défauts graves ou qu'aucun

défaut n'apparaît, votre Coton sera certain d'obtenir un très bon classement si ce n'est la première place.

Pour préparer votre Coton à ce genre de manifestation, apprenez-lui à marcher très jeune en laisse, sortez-le beaucoup dans la foule et présentez-le en exposition le plus tôt possible : lors de la Nationale d'élevage organisée par le Club, vous pouvez présenter un Coton âgé de quatre mois. Pour toutes les autres expositions, il faut que les chiens aient atteint l'âge de neuf mois pour y être admis. Le bruit de la foule ne doit pas effrayer votre Coton et il doit se trouver très à l'aise dans cette ambiance assez spéciale et inhabituelle pour lui.

Cypion de la Ferme de Bannay entouré de ses nombreux trophées

Vous pourrez obtenir le calendrier des manifestations canines, établi par la SCC (Société centrale Canine) sur propositions faites par les Sociétés régionales et les Associations de race, et publié dans la *Revue officielle de la cynophilie*.

Les différentes manifestations

Exposition CACIB : exposition internationale interraces où sont décernés des CACIB (qui ne sont pas nécessaires au titre de champion national) et des CACS (certificats d'aptitude de conformité au standard) qui eux concernent le titre de champion.

Exposition CACS : exposition nationale interraces où ne sont décernés que des CACS.

La Spéciale Coton de Tuléar : exposition organisé par le Club à l'occasion d'une exposition CACIB. Cette Spéciale Coton est nécessaire au titre de champion.

La Nationale d'élevage : exposition organisée annuellement par le Club. Les chiens présents sont ceux dont le Club est responsable. Elle concerne le titre de champion. Elle se déroule un samedi lors de l'exposition internationale, le Grand prix d'Ile-de-France, organisée le dernier week-end de janvier.

Je détaillerai les différentes classes ci-après. Néanmoins, j'aimerai décrire brièvement les classes de la Nationale d'élevage qui sont tout à fait propres à cette exposition...
Classe Ouverte : pour les chiens ayant l'âge minimum de douze mois.
Classe Champion.
Classe Jeunes : pour les chiens âgés de douze à vingt-quatre mois.
Classe Junior : pour les chiens âgés de neuf à douze mois.
Classe Benjamin : pour les chiens âgés de six à neuf mois.
Classe Bébé : pour les chiens âgés de quatre à six mois.
Classe Vétéran : pour les chiens âgés de plus de sept ans.

Exposition de championnat : exposition CACIB. Elle se déroulait en France dans une région différente chaque année, en 1986 c'était à Nantes, en 1987 à Lille, en 1988 à Toulouse, puis en 1989, 1990 et 1991, elle s'est tenue à Paris. Cette exposition réunit un très grand nombre de chiens toutes races confondues. Elle est l'exposition majeure pour obtenir le titre de champion national.

Les classes
(Extrait du règlement de la SCC[1])

Les chiens peuvent être engagés dans les classes ci-après...

[1] Je ne mentionne pas la classe de Travail, celle-ci n'ayant pas lieu d'être pour le Coton de Tuléar.

Classe Ouverte : pour les chiens ayant atteint l'âge minimum de quinze mois au jour de l'ouverture de l'exposition. Cette classe donne droit à l'attribution du CACS en concurrence avec la classe de Travail et à l'attribution du CACIB en concurrence avec la classe de Travail et la classe de champion.

Classe Débutants : pour les chiens âgés de neuf mois jusqu'à l'âge minimum requis pour la classe de jeunes. Cette classe ne donne pas droit à l'attribution d'un qualificatif ; le juge formule une appréciation sur le chien (par ordre décroissant : très prometteur, prometteur, assez prometteur). Elle ne donne lieu ni à un classement ni à une remise de coupe.

Classe Jeunes : pour tous les chiens répondant aux limites d'âge requises (comptées au jour de l'ouverture de l'exposition). Cette classe donne droit à l'attribution du qualificatif « excellent » mais ni au CACS ni au CACIB.

Classe champion de Beauté : réservée exclusivement aux chiens déclarés champions de Beauté nationaux des pays membres de la FCI et champions internationaux de la FCI (préciser la date d'homologation), âgés de quinze mois au jour de l'ouverture de l'exposition. Cette classe ne donne pas droit à l'attribution du CACS mais elle donne droit à l'attribution du CACIB en concurrence avec la classe Ouverte et la classe de Travail.
L'engagement simultané d'un chien

dans plusieurs classes est interdit. Outre les classes individuelles, un chien peut concourir dans les catégories suivantes.

Lots d'élevage : pour cinq chiens de mêmes races et variétés, sans distinction de sexe, déjà engagés dans une classe individuelle, nés chez le même producteur mais pouvant appartenir à des exposants différents.

Meutes : pour six chiens minimum, de même race, sans distinction de sexe et appartenant au même propriétaire, dont trois peuvent être engagés dans une classe individuelle.

Seules les récompenses obtenues lors des jugements en classe Ouverte seront acceptées pour l'homologation du titre de champion national par la SCC.

Les jugements

Lors d'un jugement, vous ne devez jamais contester, gardez le sourire quoi qu'il arrive, restez calme et détendu. Si aujourd'hui le classement de votre Coton ne vous remplit pas le cœur de fierté, demain sera un jour meilleur et après demain sera le jour de joie, il faut un premier et un dernier dans toutes les compétitions, alors restez bon joueur.

Voici le texte officiel de la SCC sur ce point. Il est intéressant à connaître afin de bien savoir vos droits et vos devoirs...

« Le juge doit parfaitement connaître le standard et les commentaires du standard de chacune des races pour lesquelles il est nommé, se tenir au courant de leur évolution et appliquer les instructions techniques qui lui sont données par les associations de race.

« Il ne doit pas perdre de vue son rôle d'éducateur : il donnera donc, après ses jugements, toutes les explications nécessaires sur les qualités ou les défauts du chien présenté par rapport au standard, en le comparant, si faire se peut, à meilleur que lui, et ce afin de permettre à l'exposant de corriger les erreurs de conception ou les défauts de son élevage. Il est également tenu d'adresser dans un délai d'un mois à l'association de race ses notes sur les chiens jugés lors des expositions spéciales et du championnat.

« Les jugements sont sans appel et définitifs dès que prononcés.

« Les chiens peureux ou agressifs seront automatiquement éliminés par le juge. En aucun cas, les chiens absents au moment du jugement ne seront examinés par la suite [...]. »

Malgré le caractère impartial de ce texte, il faut savoir que vous pouvez faire appel le jour même de la décision auprès du secrétariat de l'exposition, accompagné d'un témoin.

Quatre qualificatifs sont attribués :
— excellent : chien se rapprochant le plus près du standard ;
— très bon ;
— bon ;
— assez bon.

Le titre de champion de France

Voici les titres qu'il faut cumuler pour être champion de France :
— un CAC soit à la Nationale d'élevage soit à l'exposition de championnat ;
— un CAC dans une Spéciale Coton de Tuléar ;
— un CAC dans une exposition à CACIB ;
— un CAC dans une exposition à CAC ou à CACIB.

Les CAC doivent avoir été décernés par trois juges français différents. L'ensemble de ces titres devront être obtenus dans un délai de deux ans. Si cette date est dépassée, il faudra acquérir le ou les titres manquants. Le titre de champion de France peut être attribué à tous les Cotons ayant un pedigree (même à titre initial).

Pour l'homologation du titre de champion, le propriétaire du Coton doit envoyer à la Société centrale canine les récompenses obtenues ; après vérification, la SCC homologue ou non le titre de champion national.

LA GRILLE DE SELECTION DU CLUB

1 point	Confirmation seule.
2 points	1er choix : obtenir le qualificatif « excellent » en classe Jeunes, en Nationale d'élevage ou dans une Spéciale Coton. Pourra être accordé a posteriori après le niveau 1, si le sujet atteint plus tard sa pleine maturité.
3 points	« Excellent » : tout sujet adulte ayant obtenu le qualificatif excellent en classe Ouverte ou en classe Champion en Nationale d'élevage, plus une fois le qualificatif excellent en classe Ouverte dans une exposition Spéciale Coton.
4 points	Sujet recommandé : obtenir « excellent » en classe Ouverte en Nationale, plus le test de « sociabilité », plus la « sélection » par la commission d'élevage du Club.
5 points	Sujet « reproducteur d'Elite B » : accordé à la lice dont au moins trois descendants, issus d'un ou plusieurs étalons auront été « sujet recommandé ». Accordé au mâle, dont au moins trois de ses descendants, issus d'au moins deux lices différentes, auront obtenu le titre de « sujet recommandé ». Même, si eux-mêmes n'ont pas été sujets recommandés.
6 points	Sujet « reproducteur d'Elite A » : tout sujet recommandé qui remplira les mêmes conditions que le reproducteur d'Elite B.

Renseignements utiles

Les champions de France

Le prix d'un Coton de Tuléar

Aujourd'hui, le prix d'un Coton varie entre cinq et six mille francs, ces dernières années encore, son prix atteignait jusqu'à sept mille francs, la demande étant beaucoup plus forte que l'offre.

Maintenant que les Cotons sont en plus grand nombre, ils s'achètent plus facilement, le prix de ces chiens se stabi-

Cypion de la Ferme de Bannay : mascotte de Raymonde Catala

135

Cocoune de la Fosse aux Renards, CACIB et meilleure de race Hanovre 1990. Prop. : Mme Göncz

teur ne peut apposer la présomption de propriété prévue à l'article 2279 du code civil.

Il est donc dans l'obligation de restituer le chien. La restitution se fait contre remboursement du prix d'achat si le détenteur est en mesure de justifier (notamment par facture) que le chien a été acquis dans une foire, une vente publique (article 2280 du code civil), sinon la restitution a lieu sans contrepartie.

Si le chien est tatoué, il est facile d'identifier le précédent propriétaire.

CHIEN PERDU

Ne paniquez pas, pensez que le Coton a beaucoup de flair et qu'il cherchera à vous retrouver rapidement. Ne prenez tout de même pas sa disparition à la légère, si votre compagnon n'est pas rentré au bout de deux heures, prévenez le commissariat, la gendarmerie, les vétérinaires, la SCC, la fourrière et les sociétés de protection des animaux locales. Mettez des affichettes avec une photo et le nom du disparu chez les commerçants et aux endroits les plus fréquentés.

Voici une anecdote qui vous permettra de garder espoir. J'ai perdu mon Coton mâle de sept mois, dans le 12e arrondissement de Paris. Il a été retrouvé dans le département du 93 dans une banlieue proche de chez moi, sa disparition avait duré quatre semaines et nous ne pensions plus le revoir.

lise au prix de l'ensemble des chiens de compagnie.

Chien volé, perdu et décédé

CHIEN VOLÉ

En droit civil, le chien est considéré comme un bien « meuble ». Mais si le chien est réclamé par son propriétaire légitime dans les trois ans qui suivent sa perte ou son vol, le déten-

Que faire, lorsque l'on perd son ami ?
On serait tenté de l'enterrer dans le
jardin lorsque l'on en possède un, cette pratique est tolérée à condition de
l'enterrer à 35 cm de profondeur et de
le recouvrir de chaux.
Vous pouvez faire enlever sa dépouille
pour l'incinération par les services de
la fourrière à Paris.
Pour les grandes villes et communes,
il faut s'adresser au service d'hygiène
de la mairie.

Cimetière et Pompes funèbres pour
animaux domestiques, 4 pont de Cli-
chy, 92600 Asnières.
Tél. : 40 86 21 11

Cimetière pour animaux, Route de
Tremblay, 93420 Villepinte.
Tél. : 43 83 76 33

Adresses utiles

Société centrale canine

Siège : 155, avenue Jean-Jaurès
93535 Aubervilliers
Tél. : 49 37 54 54

Club du Coton : Club du Chihuahua et du Chien exotique

Présidente : Mme Andrée Ostrach
Château de Maudetour
95420 Magny-en-Vexin

Tél. : 34 67 34 78 (permanence tél. les
mardis et jeudis de 14 à 17 heures)

Club belge du Coton de Tuléar

Présidente : Mme Ceriez Maes
15, avenue de la-Fontaine-à-l'Ermite
7498 Hennuyères
Belgique
Tél. : 067/64 63 31

Ecoles vétérinaires

- 7, avenue du Général-de-Gaulle
  94700 Maisons-Alfort
  Tél. : 43 96 23 23

- Route Sain Bel
  69280 Marcy-l'Etoile
  Tél. : 78 87 25 25
       78 87 26 70

- 23, chemin Capelles
  31000 Toulouse
  Tél. : 61 19 38 00

- Route Gachet
  44000 Nantes
  Tél. : 40 68 77 77

SOS vétérinaire

Paris	47 45 18 00
Val-d'Yerres	47 45 72 00
Essonne	47 45 68 00
Val-d'Oise	34 15 33 22

Yvelines   39 72 52 52
Seine-et-Marne   64 02 44 44

Service d'ophtalmologie

Clinique d'ophtalmologie vétérinaire
Docteur Jean-Pierre Jegou
39, rue Rouelle
75015 Paris
Tél. : 45 77 15 55

Protection des animaux

- Société protectrice des animaux
  39, boulevard Berthier
  75017 Paris
  Tél. : 43 80 40 66

- Assistance aux animaux
  90, rue Jean-Pierre Timbaud
  75011 Paris
  Tél. : 43 55 82 24

Le passage des frontières

Pays	Certificat de bonne santé	Vaccination antirabique	Quarantaine	Visite sanitaire obligatoire
Algérie		oui	non	-
Allemagne	oui	oui	non	-
Andorre	oui	oui	-	-
Argentine	oui	oui	non	-
Australie	interdiction totale			
Autriche	oui	oui	non	-
Belgique	non	oui	non	-
Brésil	oui	oui	non	-
Bulgarie	oui	non	non	-
Canada	oui	non	1 mois	-
Danemark	oui	oui	non	oui
Espagne	oui	oui	non	-
Etats-Unis	non	oui	non	oui
Finlande	oui	oui	4 mois	-
France	oui	oui	non	
Grande-Bretagne	oui	oui	6 mois	-
Grèce	oui	oui	non	-
Hongrie	oui	oui	non	-
Italie	oui	oui	non	-
Luxembourg	non	oui	non	-
Maroc	non	oui	non	-
Norvège	oui	oui	4 mois	-
Pays-Bas	non	oui	non	-
Portugal	oui	oui	non	-
Suède	non	non	4 mois	-
Suisse	non	oui	non	-
URSS	interdiction totale			

TABLE DES MATIERES

*Achevé d'imprimer
en février 1992
à Milan, Italie, sur les presses
de Grafiche Milani*

*Dépôt légal : février 1992
Numéro d'éditeur : 2821*